Petra Beutl

Fühl das Rot und sieh das Blau

Mit Kindern die Welt der Farben entdecken

Vorwort
7 .... *Farbe – ein Thema für Kinder*

Farben sind überall
8 .... **Ich kenne Farben**
Farben sehen · Farben kennen und benennen
12 .... **Ich esse und trinke Farbe**
Nahrung ist bunt · Bunte Früchte, bunte Säfte
16 .... **Ich bin Farbe**
Der Körper spricht mit uns in Farben
Farbe auf unserer Haut

Licht und Farbe
20 .... **Ich sehe Farben**
Unsere Augen · Licht und Schatten
24 .... **Ich verzaubere Farben**
Licht kann Farben verändern
28 .... **Ich fühle Farben**
Die Wärme der Sonne und die Farben
Die Wärme der Farben
32 .... **Der Bogen in den Wolken**
Die Farben des Sonnenlichts · Der Regenbogen

Die Farben der Natur
36 .... **KIrsche und Erdbeere**
Früchte haben eine bunte Botschaft
Großes Grün und kleines Rot
40 .... **Gelbe Bären gibt es nicht!**
Tarnung und Schmuck
42 .... **Blauer Himmel, schwarze Wolke**
Das Wetter und seine Farben · Die Himmelsfarben

Farben selber machen
46 .... **Kamillentee und Himbeersaft**
Mit Pflanzen färben · Wir sind Färber · Pflanzenfarben
52 .... **Ziegelrot und Kreideweiß**
Farbe aus Erde und Steinen
54 .... **Eiweiß und Eigelb**
Wasserfarbe und Ölfarbe

Inhalt

Der Farbkreis

56 **Die Farben einer Familie**
Jede Farbe hat Geschwister · Rote, gelbe, blaue Namen
Farbeltern und ihre Kinder

62 **Die Farbfamilien treffen sich**
Die bunten Farben im Kreis

Weiß und Schwarz

68 **Das Reich der Grautöne**
Die unbunten Farben · Grau malen und sehen

72 **Rosa und Hellgelb**
Weiß macht Farben heller

74 **Oliv und Braun**
Schwarz macht Farben dunkler

Farben sind Zeichen

76 **Ampelmann und Wasserhahn**
Farbsignale in unserer Umwelt

80 **Babyblau und Königsrot**
Bunt sind alle meine Kleider …

Gefühle sind bunt

82 **Ich bin traurig, ich bin fröhlich**
Mit Farben Gefühle zeigen

84 **Wir machen Theater**
Farben haben Charakter

Schlußwort

88 **Mit Farben leben**

5

Vorwort

Farbe – ein Thema für Kinder

Wenn wir das Wort Farbe hören, denken wir zuerst an Malfarben. Doch Farbe ist weitaus mehr. Da lohnt es sich eine Entdeckungsreise zu machen. Mit diesem Buch können Sie Kinder in die faszinierende Welt der Farben begleiten. Ganz spielerisch läßt sie sich erkunden. Hier werden die Kinder Farben wahrnehmen und mit allen Sinnen erleben, sie werden die Bedeutung der Farben begreifen und Freude daran haben, ihre eigene Welt mit Farben auszudrücken ...

Am Anfang steht die Wahrnehmung. Denn zunächst heißt es bewußt sehen lernen, den Blick schärfen – und ihm trauen. Wir sehen die Farben um uns herum, die Farben der Nahrung, die Farben, die jeder an seinem Körper hat und die sich auch verändern können ...

Wir erleben, daß Licht und Farben zusammengehören, daß Licht Farbe herbeizaubern und verwandeln kann. Und wir fühlen, daß Farben eine Wirkung auf uns haben ...

Eine Fülle von Farben gibt es in der Natur, bei Tieren, Pflanzen, Früchten. Auch hier können sich die Farben wandeln. Sie haben bestimmte Aufgaben und teilen uns etwas mit – wenn wir verstehen, sie zu sehen und auf sie zu hören. Nur in der Natur mit ihren unzähligen Farbnuancen, die wir als schönste Harmonie empfinden, läßt sich ein feiner Farbensinn entwickeln. Deshalb sollten Kinder möglichst oft draußen in der Natur sein ... Die Natur schenkt uns auch Farben zum Färben und Gestalten ... Wir erinnern uns an verschwundene Berufe wie den des Färbers. Wir suchen Farben, machen Farben selber, wir färben, wir malen ... Wir lernen auf spielerische Weise Farbfamilien kennen und erfahren, wie sich Farben verändern lassen.

Wir begegnen in unserem Alltag Farben, die Zeichen und Signale sind, und überlegen, warum es sie gibt und wann sie wichtig sind ... Mit Farben können wir aber auch unsere Gefühle zum Ausdruck bringen. Und wir stellen Vorlieben für einige Farben fest. Malfarben sind nur ein Teil dieser großen Farbenwelt – aber ein bedeutender Teil. Aktionen rund ums Malen und Färben bringen Kindern wichtige Sinneserlebnisse, lassen sie Farbe „be-greifen", fördern ihre Phantasie und Experimentierlust. Hier kommt es wesentlich auf eine entspannte Atmosphäre an – bei allen Beteiligten. So ist es wichtig, daß Kinder ohne Angst, etwas schmutzig zu machen, experimentieren können. Malkleidung, alte Hemden oder Leinentücher mit Halsausschnitt gehören dazu. Außerdem feuchte Lappen und Schwämme, denn Kinder säubern sich immer wieder gern die Hände. Wird mit Wasserfarben gemalt, sollten genügend Gläser mit Wasser bereitstehen – am besten für jede Farbe ein Glas. Wenn man das Wasser gleich zu Beginn farbig macht, kann nichts mehr vertauscht werden. Auch Pinselpflege ist wichtig: Also am Ende jeder Malaktion Pinsel gründlich auswaschen und wieder in Form bringen. Übrigens: Dicke Pinsel mit oder ohne Spitze sind ideal.

Die Motive- und Themenvorschläge sind als Hilfe und Anregung gedacht.

Lassen Sie die Kinder frei mit Farbe umgehen und ohne Motivzwang malen. Natürlich freut sich jeder über schöne Ergebnisse, wichtiger aber ist die Freude am Ausprobieren und Machen.

Lassen wir die Farben raus!

Farben sind überall

Ich kenne Farben

Farben sehen

Wissenswert...

Farben sehen lernen, Farben bewußt wahrnehmen und benennen: das heißt, einen Teil der Welt entdecken und begreifen. Die Sprache spiegelt unsere Wahrnehmung der Welt wieder. So bezeichnen wir Farben gern nach „Dingen" der Welt:
nach Tieren: Mausgrau;
nach Pflanzen: Grasgrün;
nach Mineralien: Kreideweiß;
nach Gegenständen: Ziegelrot;
nach Orten: Neapelgelb ...
Die ersten und somit ältesten Farbbegriffe der Menschen waren Rot, Schwarz, Weiß und Gelb. Später kamen Braun, Grau, Blau und Grün dazu. Grün und Blau unterschied man lange nicht voneinander und bezeichnete alles, was Blau war, auch als Grün und umgekehrt. Diese Farben nennt man „Urfarben". Sie beziehen sich auf Urerfahrungen des Menschen.

Alles um uns herum hat eine Farbe. Wir sehen nicht nur eine einzige Farbe, sondern viele Farben auf einmal. Deshalb nehmen wir einzelne Farben oft gar nicht richtig und bewußt wahr. Jetzt wollen wir einmal genau hinschauen und einzelne Farben beim Namen nennen. Dabei beschränken wir uns zunächst am besten auf die wichtigsten Farben: Rot, Gelb, Grün, Blau, Braun, Schwarz, Weiß und Grau.
Hellrot (Rosa), Orange und Violett können später noch hinzukommen. Übrigens: Pink ist das englische Wort für Rosa.

Spiel: Stille Farbenpost

- Die Kinder sitzen im Kreis. Ein Kind sucht sich die Farbe eines beliebigen Gegenstandes aus und sagt seinem Nachbarn den Farbnamen ins Ohr. Das Wort wird von Ohr zu Ohr geflüstert. Das letzte Kind legt einen Gegenstand mit der gesuchten Farbe in die Mitte.
- Die Kinder sitzen im Kreis. In die Mitte werden Farbkarten (rot, orange, gelb, grün, blau, violett, braun, schwarz, weiß, grau) gelegt. Ein Kind sucht sich eine Farbe aus, ohne sie laut zu nennen, und flüstert seinem Nachbarn den Farbnamen ins Ohr. Das letzte Kind zeigt auf die Farbe, die es gehört hat.

Spiel: Farblaufen

Alle Kinder gehen und hüpfen umher. Die Spielleiterin oder der Spielleiter ruft: „Wir suchen alle Blau!" Jedes Kind sucht sich nun einen blauen Gegenstand und legt ihn in die Mitte. So sammeln wir nacheinander blaue, rote, grüne und gelbe Sachen.

Spiel: Der Farbwunsch

Die Kinder schmücken sich mit Blumenketten oder Blumenstäben. Sie bilden einen doppelten Sitzkreis, ein Kind sitzt allein. Es fängt im Singsang an: „Ich habe noch ein Plätzchen frei und wünsche mir ein Gelb herbei!" Jedes Kind mit einer gelben Blume versucht, möglichst schnell den freien Platz zu erreichen. Das Kind, das nun allein sitzt, darf sich als nächstes eine Farbe wünschen.

Wir basteln Blumenketten und Stäbe

Die Blumenketten können einfarbig, zweifarbig oder mehrfarbig sein. Für eine Blüte nehmen wir eine gefaltete Serviette und schneiden oder reißen von der oberen und unteren Kante einen schmalen Streifen ab. Dann falten wir die Serviette wie einen Fächer und binden sie in der Mitte mit einer Schnur ab. Nun ziehen wir die feinen Lagen der Serviette auseinander. Jetzt die Blüten nur noch in Form bringen und zusammen mit anderen Blüten zu einer Kette binden oder an einem Stab befestigen. Fertig.

Bei mehrfarbigen Blumen schneiden wir zum Beispiel eine aufgefaltete gelbe Serviette einmal durch und legen eine rote Serviettenhälfte genau darauf. Nun wieder reißen oder schneiden, falten und auseinanderziehen.

Material: verschiedenfarbige Servietten, Wollreste oder Bast, Holzstecken, Schere.

... Rot leitet sich vom Wort Blut ab. Die Farbe des Blutes ist überall gleich. So steht die Farbe Rot stellvertretend für alles tierische und menschliche Leben. Mit Grün und Blau bezeichnete man früher die Umwelt, die einst nur aus Natur bestand. Pflanzen, Himmel und Wasser waren für die Menschen früher eine Einheit. In Gelb steckt das Wort Galle. Gelb war eine der ersten Malfarben. Mit gelber Erde, dem Ocker, konnte sofort gemalt werden. Schwarz bedeutet soviel wie dunkel. Weiß kommt vom Wortstamm Licht und meint das Helle. Das Wort Braun bezeichnet den Prozeß des Dunklerwerdens. In dem Wort Grau erkennen wir das Morgengrauen wieder. Auf der Grundlage der Urfarben lassen sich alle anderen Farben beschreiben: Gelbrot ist ein Rot mit Gelbanteil, heute gern Orange genannt. Rotblau ist ein Blau mit Rotanteil, also ein Violett. Die Hauptfarbe nennen wir an zweiter Stelle, mit einer vorangestellten näheren Bestimmung beschreiben wir die Nuancen. So ist Rotblau etwas anderes als Blaurot.

Farben sind überall

Farben kennen und benennen

Wissenswert...
Wir haben festgestellt, daß alles eine Farbe hat. Nur ganz und gar durchsichtige Dinge wie eine Fensterscheibe oder klares Wasser haben keine Farbe. Sie lassen die Farben, die dahinter oder darunter sind, durchscheinen. Umgekehrt erkennen wir auch, daß es eine Farbe allein nicht gibt: Farbe ist immer an einen Gegenstand, an eine Form gebunden. Manche Dinge haben in unserer Erinnerung eine ganz bestimmte Farbe. Wenn wir an eine Erbse denken, sehen wir eine grüne Erbse vor uns. Wenn wir an Blut denken, ist es rot. Aber auch wenn wir von einer Farbe sprechen, nimmt diese Farbe in unserem Kopf eine Form an. Bei dem Farbnamen Gelb zum Beispiel, fällt uns das Gelb einer Zitrone ein, das Gelb einer Sonnenblume oder einer Banane.

Wir erkennen Farben und ordnen sie zu
Zunächst schauen wir uns Farbfotos von Tieren an und betrachten Obst, Pflanzen und Gemüse. Wir fragen die Kinder nach den Farben: Welche Farbe hat eine Tomate? Oder ein Frosch?
Danach suchen wir uns Schwarzweiß-Abbildungen von Dingen aus der Natur, für die eine bestimmte Farbe typisch ist. Farbfotos kopieren wir einfach schwarzweiß. Wer weiß, welche Farben die Dinge der Natur haben?

Spiel: Was ist rot?
Die Kinder sitzen in einem Kreis. Das Kind, das mit dem Spiel beginnt, hält einen Ball. Es ruft: „Was ist rot?" und wirft oder rollt den Ball zu einem anderen Kind, das die Frage beantworten darf. Die Frage wird so oft wiederholt, bis niemand mehr eine Antwort weiß. Dann kommen Grün, Blau, Gelb, Schwarz und Weiß an die Reihe.

Spiel: Die Farben der Früchte
Wir legen Flächen aus farbigen Papieren oder Stoffen aus. Jedes Kind erhält dann eine Frucht, ein Gemüse oder eine Pflanze. Auf „los" plazieren die Kinder, so schnell es geht, ihre Frucht auf der entsprechenden Farbe: die Kirsche auf rotem Grund, das Gras auf grünem. Stimmt auch alles?

Spiel: Blau, blau ist die Tomate...
Bei diesem Spiel können wir als Hilfe Früchte und Pflanzen auf den Tisch legen. Die Kinder sitzen um den Tisch und klopfen mit beiden Zeigefingern auf die Tischkante.
Ein Kind sagt: „Gelb, gelb, gelb ist die Zitrone" und reißt die Arme hoch. Die anderen machen dies nach, weil die Aussage richtig ist.
Ein Kind kann aber auch sagen „Rot, rot, rot ist das Gras" und die Arme dabei hochheben. Wenn die anderen den Unsinn erkennen, lassen sie die Hände jetzt unten.

Wir machen ein Farbmemory
Jedes Kind darf sich eine Frucht oder Pflanze nehmen. Die Kinder betrachten ihre Frucht genau und malen sie mit farbiger Kreide auf ein quadratisches Kärtchen. So wird Farbe eingesetzt, um Dinge abzubilden.
Passend zu den gemalten Objekten schneiden wir aus Tonpapier Quadrate aus und kleben sie auch auf ein weißes Kärtchen. Zu jedem gemalten Motiv gehört ein Farbquadrat. Fertig ist das Memory. Wir ordnen die Karten mit der Rückseite nach oben – und schon kann das Spiel beginnen.
Material: Früchte, Pflanzen, Tonpapier, Wachsmalkreiden, Ölpastellkreide, Zuckerkreide (dazu legen wir Tafelkreide über Nacht in Zuckerlösung).

... *Oft vergleichen wir Farben mit Pflanzen, Tieren oder Dingen. Wir sagen, etwas sei rot wie eine Tomate, grün wie ein Frosch, blau wie das Meer … Dann können sich die anderen den Farbton, von dem wir sprechen, besser vorstellen. Wenn etwas gelb wie eine Banane ist, sagen wir manchmal auch, es sei bananengelb. Statt blau wie der Himmel, sagen wir auch himmelblau. Aber nur wer seine Umgebung gut beobachtet, kann solche Farbnamen richtig gebrauchen und wirklich verstehen.*

Zitronengelb	*Kirschrot*	*Meerblau*	*Schneeweiß*
Bananengelb	Blutrot	Himmelblau	Blütenweiß
Sonnenblumengelb	Tomatenrot	Kornblumenblau	Kreideweiß
Dottergelb	Himbeerrot	Pflaumenblau	*Mausgrau*
Maisgelb	Ziegelrot	*Moosgrün*	Aschgrau
	Feuerrot	Erbsengrün	Rauchgrau
	Rosenrot	Grasgrün	*Kohlenschwarz*
	Rehbraun		Rabenschwarz
	Nußbraun		
	Kastanienbraun		

Farben sind überall

Ich esse und trinke Farbe
Nahrung ist bunt

Alles, was wir essen und trinken, ist farbig. Das heißt, mit der Nahrung nehmen wir Farbe zu uns. Und das ist für unseren Körper ganz wichtig. Er braucht weiße, grüne, gelbe, rote, braune und rotblaue Farbstoffe. Sie sind in Getreide, Früchten, Gemüse, Obst, Eiern und Milch enthalten.
Erhält unser Körper keine bunte Nahrung, verliert er seine Energie. Einseitige, einfarbige Ernährung macht uns krank.
Aber Farbe kann auch künstlich sein wie bei einem Bonbon. Ein rotes oder gelbes Bonbon sieht zwar schön aus und macht uns Appetit – aber unserem Körper nützt das künstliche Rot oder Gelb nichts.
Um unseren Farbhaushalt in Schwung zu halten, brauchen wir bunte Pflanzennahrung.

Wissenswert...
Eine gesunde Ernährung braucht alle Farben. Die Farbe der Nahrung kann natürlich sein wie bei einer Birne oder künstlich wie bei einem Bonbon. Natürliche Farben haben bestimmte Eigenschaften. Sie binden Sauerstoff, versorgen uns mit Vitaminen und Spurenelementen oder wirken kreislaufanregend. Rotes und orangefarbenes Obst und Gemüse, zum Beispiel, enthalten Karotine. Diese Farbstoffe binden Sauerstoff und versorgen den Körper mit Vitamin A, das für den Knochenaufbau gebraucht wird. In gelbem Obst und Gemüse stecken Flavone. Dies sind gelbe Farbstoffe (flavus heißt „gelb"), die kreislaufanregend wirken. Chlorophyll (wörtlich „grünes Blatt"), das grünem Gemüse wie Salat und Erbsen die Farbe gibt, liefert dem Körper unter anderem Magnesium.

Spiel: Ich sehe was...
Wir wollen unser Pausenbrot genauer auf Farben hin betrachten. Welche Farben sind da, welche fehlen? Dazu packen wir die Pausenbrote aus und legen sie auf den Tisch. Wir setzen uns im Kreis um den Tisch. Nun beginnt das Spiel. Ein Kind fängt an: „Ich sehe was, was du nicht siehst, und das ist grün." Dabei dürfen nur die Farben der Pausenbrote genannt werden. Wer findet die gesuchte Farbe?

Der Wettstreit der Pausenbrote
Wer hat das bunteste Pausenbrot? Der Wettbewerb wird angekündigt und läuft über mehrere Tage. Jeden Tag wird das Pausenbrot mit den meisten Farben prämiert. Nicht gewertet werden künstliche Farbstoffe wie Süßigkeiten.

Spiel: Farbe und Geruch
Alles, was wir essen, hat eine Farbe, eine Form und einen Geruch. Ganz deutlich riechen wir zum Beispiel den Duft von Früchten. Mit geschlossenen Augen erkennen wir den Geruch einer Tomate, und mit diesem Geruch verbinden wir die Farbe Rot. Was wäre es für ein Schreck, wenn die Tomate blau wäre! Verschiedene Früchte werden zerkleinert oder aufgeschnitten, damit sich ihr Duft gut entfalten kann, und auf Schälchen verteilt. Die Kinder sitzen mit verbundenen Augen im Kreis. Nun darf jeder schnuppern und raten. Welche Farbe hat die Frucht? Was ist es?

... Farbe wird mit allen Sinnen wahrgenommen. Mit ihr verbinden sich Geschmacks- und Geruchserfahrungen. Doch kann man einer Farbe keinen bestimmten Geschmack zuordnen. Gelb schmeckt einmal süß wie eine Banane und einmal sauer wie eine Zitrone. Farben wirken appetitanregend und verstärken die Lust aufs Essen. So greifen wir lieber zu einer strahlend roten Tomate als zu einer weniger leuchtenden, auch wenn beide gleich gut schmecken. Und die Lebensmittelindustrie setzt Farbstoffe ein, um beispielsweise Schinken richtig rosa oder Brot kräftig braun zu machen.
Doch unsere Nahrung muß die richtige Farbe haben. Blaues Fleisch oder schwarzer Salat irritiert uns, denn wir sind nicht daran gewöhnt. Unser Instinkt warnt uns vor Nahrung, die eine fremdartige Farbe hat – und womöglich

13

Spiel: Früchte raten

Die Spielleiterin oder der Spielleiter hat verschiedene Früchte unter einem Tuch versteckt. Zu jeder Frucht gibt es nun ein Rätsel. Wer als erstes richtig rät, bekommt die Frucht als Preis. Zum Beispiel: Was ist rot, hat kleine gelbe Sommersprossen und schmeckt süß?

Was ist das?

Erst ist es weiß wie Schnee,
dann grün wie Klee,
dann rot wie Blut,
schmeckt allen Kindern gut!
Die Kirsche

Farben sind überall

Bunte Früchte, bunte Säfte

Die Geschichte vom Zauberessen

Die kleine Hexe Guggi lädt ihre Freunde zum Hexenschmaus ein. Ihre Freunde, das sind Tapp der Bär, Rizzi das Eichhörnchen und Krack die Krähe. Und weil Guggi eine Hexe ist, gibt es ein Zauberessen.
„Zippel, zappel, stampf und dampf, fertig ist der Hexenmampf!" sagt die kleine Hexe Guggi und stellt das Essen auf den Tisch. Zuerst gibt es Himbeersaft mit Vogelläusen. Tapp der Bär verzieht seine feine Nase. Igitt, denkt er, wie gräßlich!
„Zippel, zappel, trinkt und schluckt. Und nun guckt!" ruft Guggi.
Alle trinken ihre Gläser leer.
„Was hast du mit ‚und nun guckt', gemeint?" fragt Rizzi, das Eichhörnchen.
„Das werdet Ihr schon sehen", sagt die kleine Hexe und lacht.
Da geschieht etwas Seltsames: Langsam färben sich Federn, Fell, Beine, Arme, Kopf und einfach alles rot.
So rot wie Himbeersaft.
Der Bär, die Krähe, das Eichhörnchen und die Hexe sehen nun Himbeeren zum Verwechseln ähnlich. Sie schauen sich verblüfft an, dann müssen sie lachen.
„Das ist meine Überraschung für euch", sagt Guggi und strahlt.
„Schmeckt gar nicht so schlecht dein Saft", meint der Bär versöhnlich. Ihm gefällt die Zauberei und sein rotes Bärenkleid.
„Jetzt gibt es gebackene Kröten auf Grassalat", ruft Guggi ganz aufgeregt.
Vielleicht werden wir jetzt alle grün, denken Tapp und Rizzi und Krack.

Tatsächlich verfärbt sich das Rot in Grün und dann in Weiß, weil sie als Nachtisch Mäusequark mit Eierschalen essen.
Alle sind begeistert. So könnte es ewig weitergehen. Wenn sie nur nicht so satt wären. Und müde sind sie auch geworden vom vielen Essen und Staunen und Lachen.
„Ich möchte nach Hause fliegen", sagt die Krähe, „aber nicht als weiße, sondern als schwarze Krähe."
„Kein Problem, wir trinken Wasser und rufen einen Zauberspruch, und dann werden wir so wie vorher", sagt die kleine Hexe.
„Hoffentlich", näselt Eichhörnchen Rizzi, das immer ein wenig ängstlich ist. „Ich mag nicht weiß bleiben."
„Keine Bange", brummt Tapp, „Guggi ist die beste Zauberhexe, die ich kenne."
Alle trinken Wasser, und Guggi murmelt:
„Zippel, zappel, eins zwei, drei, aus ist's mit der Zauberei."
Schwupps, Tapp wird wieder braun, Rizzi wird rotbraun, und Krack wird schwarz. Die drei sind erleichtert.
„Dankeschön für das zauberhafte Hexenessen", sagen sie und machen sich auf den Weg nach Hause.

Wenn wir Buntes essen

Wir sprechen darüber, ob auch wir uns verfärben, wenn wir bunte Sachen essen. Kann das sein? Ja: Unsere Zähne färben sich blau, wenn wir Blaubeeren essen oder Holunder. Wenn wir viel Rote Beete essen oder trinken, dann wird unser Urin rot. Ansonsten läuft alles weniger sichtbar ab.

Wir eröffnen eine Farbbar

Mit Hilfe einer Farbbar können wir den Kindern die Farbenpracht in der Nahrung zeigen und ihnen deutlich machen: das Auge trinkt mit.
Bevor wir die Bar eröffnen, gibt es einiges zu tun. Zuerst werden Säfte, Tees oder auch Milch in leere Flaschen gefüllt (am besten ettikettenlose Milchflaschen mit Schraubverschluß), damit die Farbe schön wirken kann. Dann werden die Flaschen nach Farben sortiert, zum Beispiel stehen alle gelben Getränke in einer Reihe ...
Schon kann die Farbbar eröffnet werden.

Spiel: Der Saftladen

Die Spielleiterin oder der Spielleiter bereitet das Spiel vor und plaziert vor jeder Saftflasche eine Frucht. Einige Früchte stimmen mit dem Inhalt der Flasche überein, andere nicht. Die Kinder erraten anhand der Farbe den Saft. Gehört die Frucht zur Flasche? Wenn nicht, welche Frucht gehört nun dazu? Haben Frucht und Saft die gleiche Farbe?

Hexencocktails

Ein Kind spielt die „Farbhexe" und mixt Getränke nach Belieben. Wir beobachten wie sich Säfte mischen.
Hier ein paar Anregungen:
- Karottensaft und Tomatensaft
- Rote-Beete-Saft und Karottensaft
- Milch und Waldmeister
- Bananensaft und Kirschsaft
- Bananensaft und Karottensaft

Zumindest ein Saft sollte selbst gemacht werden, damit die Kinder sehen, wie Saft entsteht. Am einfachsten ist es, Orangensaft oder Bananenmilch zuzubereiten.

... *Fast alle Saftfarben bewegen sich im gelben, roten und rotblauen Bereich. Grüntöne gibt es vorwiegend bei Tees wie Pfefferminze oder Kräutern wie Waldmeister. Grüne, reife Früchte sind bei uns selten.*

Mit diesen Säften ist eine Farbbar gut ausgestattet:
Milch
Bananensaft
Grapefruitsaft
Sauerkrautsaft
Zitronensaft
Apfelsaft
Orangensaft
Aprikosensaft
Karottensaft
Tomatensaft
Kirschsaft
Himbeersaft
Rote-Beete-Saft
Johannisbeersaft
Traubensaft
Holundersaft
Pfefferminztee
Waldmeistersirup

Farben sind überall

Ich bin Farbe

Der Körper spricht mit uns in Farben

Wissenswert...

Die Farben unseres Körpers sind recht dezent. Hauttöne variieren zwischen zartestem Rosa, Braun und Schwarz. Der Blutfarbstoff Hämoglobin färbt uns innen rot und läßt auch unsere Lippen rot erscheinen.

Unsere Haare sind blond, rötlich, braun, schwarz, grau oder weiß.

Allein die Augenfarbe kann grün oder blau sein. Die Iris oder Regenbogenhaut enthält winzige Farbpigmente. Diese bestimmen die Augenfarbe.

Auch unser Körper besteht aus Farben: Die Haare, die Augen, der Mund, die Zunge und die Zähne, die Haut, alles hat eine bestimmte Farbe. Wie auf einer Landkarte können wir die Farben an unserem Körper lesen und verstehen. Manche Farben bleiben das Leben lang gleich, andere aber verändern sich. Die Farbe der Haut ist im Sommer anders als im Winter. Im kalten Winter wird die Nase rot, die Hände sind vielleicht blau gefroren. Wir können rot werden oder blaß und einen blauen Fleck bekommen. Bei Masern haben wir lauter kleine rote Punkte auf unserer Haut. Zähne sind weiß, gelb oder braun. Die Zunge ist rot, manchmal aber weiß belegt. So können wir wissen, ob wir krank oder gesund sind, ob sich jemand wohl fühlt oder nicht. Das heißt: der Körper spricht mit uns in Farben.

Wer ist das?

„Hätt' ich ein Kind,
so weiß wie Schnee,
so rot wie Blut
und so schwarzhaarig wie Ebenholz."
Schneewittchen

Meine Farben, deine Farben

Alle Kinder betrachten sich ausgiebig im Spiegel. Jedes Kind überlegt: Was habe ich für Farben? Wie sind meine Augen, meine Haut, mein Mund und meine Zunge, Zähne, Haare, Fingernägel? Habe ich Sommersprossen oder Muttermale? Besonders wichtig sind Verletzungen wie ein blauer Fleck oder eine Schnittwunde, und sei sie noch so klein. Beobachtungen der Kinder, etwa, wie sich ein blauer Fleck verfärbt, besprechen wir ausführlich. So wird die Körperwahrnehmung geschult. Dann betrachten sich die Kinder gegenseitig: Welche Augenfarbe hat mein Freund, meine Freundin?

Spiel: Alle Kinder kommen nach Hause

Gemeinsam bauen wir eine große Höhle, in der es für alle Platz gibt. Nun beginnt das Spiel. Die Kinder krabbeln, laufen, hüpfen umher. Plötzlich ruft die Spielleiterin oder der Spielleiter: „Alle Kinder mit blauen Augen kommen nach Hause!" Alle Kinder mit blauen Augen krabbeln nun in die Höhle und bleiben da. Die anderen Kinder hüpfen weiter, bis sie gerufen werden, zum Beispiel, wenn es heißt: „Alle Kinder mit braunen Haaren kommen nach Hause."
Wenn alle Kinder in der Höhle sind, ist das Spiel aus. Die Kinder können auch wieder aus der Höhle herausgerufen werden.

Spiel: Blaue Augen, braune Haare

Jedes Kind hängt sich eine selbstgemachte Farbkette um. Die Fransen an der Kette, zeigen eine Haarfarbe: Sie kann rot, braun, schwarz oder blond (gelb) sein. An der Kette sind auch Augen in Grün, Blau, Braun oder Schwarz.
Alle Kinder laufen durcheinander, bis die Spielleiterin oder der Spielleiter ruft: „Ein Kind mit roten Haaren und ein Kind mit blauen Augen umarmen sich."
Schwieriger wird es, wenn die Kinder die Ketten tauschen.

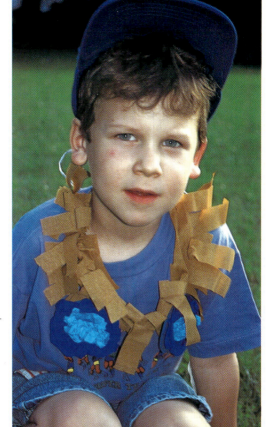

Wir basteln Haar- und Augenketten

Für eine Haar- und Augenkette nehmen wir Krepp- oder Seidenpapier in der gewünschten Farbe, schneiden Fransen hinein und befestigen das Papier mit Heftklammern an einem Bast- oder Wollband.
Dann schneiden wir aus Karton zwei Augenformen, kleben zerknülltes Seidenpapier darauf und befestigen die Augen an der Kette.
Material: Seiden- oder Kreppapier, Karton, Bast oder Wolle, Klebstoff, Heftklammern, Schere.

Ein Gedicht: Der Schnupfen

Ein Schnupfen hockt auf der Terrasse,
auf daß er sich ein Opfer fasse,
und stürzt alsbald mit großem Grimm
auf einen Menschen namens Schrimm.
Paul Schrimm erwidert prompt: „Pitschü!"
und hat ihn drauf bis Montag früh.
(Christian Morgenstern)

Wir machen Farbe

Wir sind nicht nur Farbe, wir machen auch Farbe. Schnupfen kann weiß, gelb oder grün sein. Auch Nasenpopel sind farbig. Wir bohren mal kurz in der Nase und vergleichen die Farben der Popel (auf weißem Papier kann man sie besser sehen).
Und das Schmalz in den Ohren, ist es rot oder gelb? Der Urin kann mal hellgelb, mal dunkelgelb sein. Kann er auch andere Farben haben? Ebenso ändert sich die Kacke. Sie kann alle Brauntöne haben, mit und ohne Sprenkel.

... Unser Körper gibt uns Farbsignale. Unsere Haut reagiert auf Sonneneinstrahlung. Auch bei Krankheiten kann sie sich verfärben. Braune Zähne sagen, daß sie faulen. Graue Haare lassen Vermutungen über das Alter zu. Die Farben unseres Körpers helfen uns, Krankheiten zu erkennen. Dies gilt auch für die Farben des Urins und des Stuhls.

Farben sind überall

Farbe auf unserer Haut

Wissenswert...

Sich zu pflegen und sich zu schmücken, um schön zu sein, ist ein Bedürfnis, das die Menschen schon immer hatten. In jeder Epoche und in jeder Kultur gibt es ein anderes ästhetisches Empfinden. So pudern sich die Frauen bei den San in Südafrika am ganzen Körper mit rotem Pulver, um schön zu sein, während sich die Adligen in Europa zur Zeit des Sonnenkönigs alle weiß schminkten, um dem Schönheitsideal zu entsprechen. Die jungen Mädchen aus dem Volk Masai, die in Tansania leben, färben sich die Ohren mit roter Paste. Die jungen Männer aus dem Volk der Hirten-Fulbe schminken sich das Gesicht gelb, bevor sie, prachtvoll gekleidet, tanzen.

Da wir Menschen von Natur aus keine prächtigen Farben haben, wie zum Beispiel ein Pfau, schmücken wir uns. Wir bemalen unsere Haut, färben die Haare, tragen bunte Kleider und Schmuck. Wir können so viele Farben tragen und die Farben so oft wechseln, wie wir wollen.

Doch in unserem Alltag spielt „Bemalung" keine große Rolle. Da sieht man meist nur bei Frauen etwas Puder, Lippenstift oder Nagellack. Das war nicht immer so. Vor dreihundert Jahren haben sich die vornehmen Herren bei uns weiß geschminkt. Bei anderen Völkern werden zum Beispiel Gesicht, Brust, Arme und Beine mit Farbe bemalt. In Tänzen und Zeremonien bei Indianerstämmen oder afrikanischen Völkern spielt die Bemalung der Haut eine wichtige Rolle.

Wir schmücken unsere Haut

Die Kinder dürfen sich nach Lust und Laune schminken. Wir schminken Gesicht, Hände und Füße.
Wie fühlen wir uns, wenn wir geschminkt sind? Haben wir uns verwandelt? In welche Rolle sind wir geschlüpft?

Tip: Als Naturfarbstoff zum Bemalen von Händen und Füßen verwenden wir Safran. Angemischt mit Spucke oder Wasser, sind schon kleine Mengen sehr ergiebig. Safran färbt intensiv und läßt sich leicht abwaschen.

Spiel: Die Chamäleons

Bei diesem Spiel krabbeln die Kinder unter farbige Tücher, um die Farbe auf ihrer Haut zu spüren. Im Sommer, wenn die Kinder weniger Kleidung tragen, ist dies wirkungsvoller als im Winter. Zu Beginn werden einfarbige Decken und Tücher auf dem Boden verteilt. Die Kinder bewegen sich so langsam wie möglich, so langsam wie ein Chamäleon. Die Spielleiterin oder der Spielleiter ruft: „Schnell, schnell, schnell, wir werden alle rot." Die kleinen Chamäleons krabbeln jetzt schnell unter ein rotes Tuch. Sind alle Kinder darunter verschwunden, dann werden die Chamäleons ganz still und bewegen sich nicht.

Nach einer Weile rufen alle zusammen: „Nein, nein, nein, wir wollen nicht mehr rot sein." Die Kinder krabbeln wieder weiter. Der Spielleiter kann auch rufen: „Wir sind rot und grün." Dann müssen sich die Kinder entscheiden.

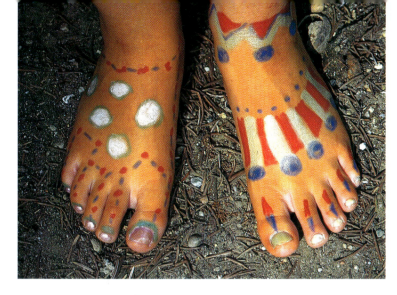 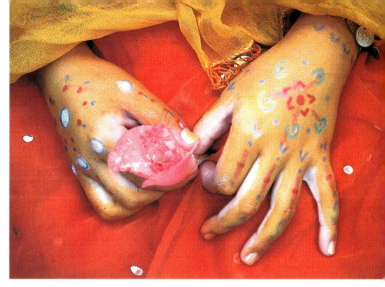

Mit Händen und Füßen malen und drucken

Wir können auch Farbe auf der Haut spüren, wenn wir Finger und Zehen zum Malen benutzen oder Hand- und Fußabdrücke machen. Fingerfarben eignen sich auch als Zehenfarben. Um mit Händen und Füßen zu malen oder zu drucken, nehmen wir am besten großformatiges Papier, zum Beispiel Packpapier von der Rolle.
Tip: Fingerfarbe mit Wasser verdünnen.

Bewegung malen

Die Kinder versuchen mit beiden Händen oder Füßen gleichzeitig Formen zu malen, zum Beispiel mit beiden Armen jeweils einen Kreis zu beschreiben. Die Bewegungen werden vorher am besten mehrmals gemeinsam in der Luft geübt. Dann tauchen wir unsere Finger oder Zehen (oder Pinsel) in Fingerfarbe ein und bringen die Formen zu Papier. Sind beide gleich?

Hand- und Fußabdrücke

Mit einem weichen Pinsel tragen wir Fingerfarbe auf die Hände oder Füße auf. Das allein ist schon ein Erlebnis! Kinder können sich die Hände oder Füße auch gegenseitig bemalen. Jedes Kind macht dann seine Hand- und Fußabdrücke auf große Papierstücke, oder die Kinder benutzen eine riesige Papierfläche gemeinsam. Wenn wir nun alle Blätter nebeneinander auslegen oder unser gemeinsames Papier betrachten, sehen wir, daß die Abdrücke ganz verschieden sind. Erkennt jeder seine Hände und Füße wieder?

Die Unter-die-Haut-Gucker

Mit einem kleinen Zaubertrick können wir auch die Farbe unter unserer Haut sichtbar machen und mit eigenen Augen sehen, welche Farbe das Blut in unserem Körper hat. Dazu nehmen wir die Hülle einer Streichholzschachtel und kleben eine Öffnung mit Alufolie zu. Zuvor schneiden wir in die Folie ein kleines Rechteck. Nun schauen wir durch die offene Seite und legen einen Finger auf das kleine Rechteck. Was sehen wir? Das Innere des Fingers! Oder?
Material: Hülle einer Streichholzschachtel, Rest Alufolie, Klebstoff, Schere, Cutter.

... Sich mit Farbe zu bemalen hat oft auch religiöse Wurzeln. Dabei kann es darum gehen, Geister, die Krankheiten bringen, fernzuhalten, Trauer auszudrücken oder Götter um eine gute Jagd zu bitten. So bemalen die Jäger der Masai ihre Arme und Beine rot und weiß. Ein Relikt im christlichen Glauben ist das Aschermittwochskreuz, das dem Gläubigen mit Asche auf die Stirn gezeichnet wird.

Licht und Farbe

Ich sehe Farben
Unsere Augen

Wissenswert...

Die Augen sind die Fenster der Seele, so heißt es. Sie sind eine Verbindung von der Außenwelt und unseren Gefühlen. Doch die eigentliche Funktion unserer Augen ist die Wahrnehmung. Die Augen nehmen Informationen auf, die mit Lichtgeschwindigkeit ans Gehirn weitergeleitet werden. Unsere Augen sind Linsenaugen. Unsere Augenkamera funktioniert so: Das Licht fällt durch die Pupille, dabei wird die Lichtmenge durch die Iris reguliert. Wenn es sehr hell ist, wird die Iris klein. Wenn es sehr trübe ist, wird die Öffnung der Iris sehr groß, um möglichst viel Licht einzufangen.

Die durchsichtige Linse stellt das Bild scharf, sie wird dicker oder dünner, je nachdem, ob wir in die Ferne schauen oder etwas aus der Nähe betrachten.

Mit unseren Augen können wir Gefühle ausdrücken. Wir können mit den Augen strahlen oder weinen. Doch ihre eigentliche Aufgabe ist es zu sehen. Mit den Augen nehmen wir unsere Umwelt wahr. Sie helfen uns, Gefahren zu erkennen und Hindernisse zu bewältigen. Wir sehen, daß ein Stuhl im Weg steht, und können an ihm vorbeigehen. Wir sehen, wenn die Ampel Rot zeigt, und halten an. Unsere Augen liefern uns Informationen und Eindrücke und helfen uns, Situationen zu verstehen. Wenn es jedoch dämmert oder neblig ist, sehen wir weniger und werden unsicher. Wir sind irritiert und bemühen uns, soviel wie nur möglich zu erkennen. Meistens nehmen wir noch Umrisse wahr, aber keine Farben mehr. Mit dem Licht verschwinden auch die Farben. Sobald dann ein Licht auftaucht, sehen wir im Lichtschein auch die bunten Farben wieder.
Und wir begreifen den Zusammenhang von Licht und Farbe.

Wir bauen eine Camera obscura

Wir bauen mit den Kindern eine Camera obscura, um ihnen zu zeigen, wie unsere Augen funktionieren. Und so geht's: In die kurze Seite einer geschlossenen Schachtel (zum Beispiel Schuhkarton) ein kleines Loch (Durchmesser eines Stiftes) stechen oder schneiden. In die gegenüberliegende Seite ein Fenster schneiden und mit Transparentpapier zukleben. Das ist unsere „Filmwand". Nachprüfen, ob der Karton auch keine Ritzen hat. Nun nimmt man die Kamera so in die Hand, daß die kleine Öffnung vom Körper weg zeigt. Man hält das Transparentfenster mit etwas Abstand vor die Augen. Über Kamera und Kopf muß jetzt noch ein dunkles Tuch gelegt werden. Durch die kleine Öffnung fallen Lichtstrahlen – und man sieht die Welt kopfstehen.

Der dunkle Karton ist wie unser Augenhohlkörper, und die kleine Öffnung darin ist wie die Iris. Das Transparentpapier ist wie die Netzhaut. Auch auf der Netzhaut erscheint alles auf den Kopf gestellt. Denn wenn Licht durch eine winzige Öffnung fällt, werden die Strahlen durch die Ränder der Öffnung „gebeugt" und zeigen das Abbild verkehrt herum. Erst unser Gehirn dreht das Bild wieder so, daß wir es richtig „sehen".
Variante: Ein Paketrohr an einem Ende verschließen und mit einem Loch versehen, die andere Öffnung mit Transparentpapier zukleben.
Material: Paketrohr oder Schachtel, Transparentpapier, Klebeband, dunkles Tuch.

Wir verwandeln den Tag in die Nacht

Die Nacht verändert die Farben, die wir am Tage sehen: Die Sonne geht unter, und mit ihr verschwindet das Tageslicht. Wenn es dann dunkel ist, sehen wir keine Farben mehr. Aber in der Dämmerung lassen sich noch ein paar Farben erahnen, meistens sind es Grün- und Blautöne. Den Übergang vom Tag zur Nacht wollen wir mit transparentem Papier nachahmen. Zunächst gestalten wir den Tag mit Glanzpapier. Eine Sonne wird ausgeschnitten und auf einen festen farbigen Karton geklebt. Die Farbwahl bleibt den Kindern überlassen. Die Sonne kann ruhig auch mal rosa sein. Für die Nacht schneiden die Kinder Mond und Sterne aus Transparentpapier aus und kleben diese auf ein anderes Transparentpapier. Wir legen das Mond- und Sternenbild über das Sonnenbild und verwandeln so den Tag in die Nacht.
Material: Transparent- und Glanzpapier, Karton, Klebstoff, Schere.

Wir malen die Nacht

Wir sprechen von der Nacht, vom Mond, von den Sternen, von Tieren und Geistern, die nachts munter sind, und lassen unserer Phantasie freien Lauf. Wir bemalen weißes Papier mit dunkler Wasser- oder Fingerfarbe. Dies kann mit Blau, Grün, Schwarz, Braun oder Violett sein.
Ebenso kann jeder mit Zucker- oder Wachsmalkreiden auf dunklem Papier seine Nacht zeichnen.
Material: Kreide-, Wasser-, Fingerfarbe, farbige Papiere, Pinsel.

Spiel: Wir suchen den roten Ballon

Wie schlecht wir ohne Licht Farben sehen, zeigt uns ein Spiel mit Ballons.
In einem verdunkelten Raum liegen aufgeblasene Luftballons in verschiedenen Farben. Die Kinder betreten den Raum. Die Spielleiterin oder der Spielleiter ruft: „Alle roten Ballons bitte kommen." Jetzt versuchen die Kinder, einen Ballon in dieser Farbe zu finden. Um ihnen zu helfen, kann man zwischendurch kurz mit einer Taschenlampe leuchten.

Spiel: Farben wecken

Überall dort, wo Licht in der Dunkelheit ist, sehen wir auch Farben. Farbe ist abhängig vom Licht, das entdecken wir in diesem Spiel. Die Kinder sitzen im Kreis. Jeder hat ein Farbtuch über sein Gesicht gelegt. Es ist dunkel. Alle Farben schlafen. Eines der Kinder steht mit einer Taschenlampe im Kreis und spielt das Licht. Es sagt: „Ich bin das Licht und wecke dich" und leuchtet auf eine Farbe, zum Beispiel auf das Rot. Das Rot spürt das Licht, erwacht, übernimmt die Taschenlampe und spielt nun das Licht. Alle anderen Farben schlafen, bis sie geweckt werden. Ein weiteres Kind kann auch die dunkle Nacht spielen, die alle Farben weiter schlafen lassen will. Die Nacht bewegt sich außerhalb des Kreises und versucht, das Licht mit einem Karton abzufangen.

*... Licht und Bild werden auf die sehr lichtempfindliche Netzhaut geworfen. Diese wandelt das kopfstehende Bild mit der Information über Form, Farbe und Bewegung in Nervensignale um und schickt sie zum Gehirn.
Im Dunkeln funktionieren unsere Augen nicht mehr so gut, da unsere Sehzellen nur auf Licht reagieren. Grün und Blau können wir in der Dämmerung noch am längsten erkennen. Gelb und Rot brauchen unbedingt viel Licht, damit wir sie sehen können. Wir Menschen und die meisten Säugetiere haben Linsenaugen. Schnecken haben Blasenaugen, Tintenfische Lochaugen. Eine Fliege hat Facettenaugen, und die „Augen" des Regenwurms bestehen aus ein paar Sinneszellen, mit denen er hell und dunkel unterscheiden kann.*

Licht und Farbe

Licht und Schatten

Wissenswert...

Um zu sehen, brauchen wir Licht. Die wichtigste Lichtquelle ist die Sonne. Wir Menschen schaffen uns aber eigene Lichtquellen, um von der Dunkelheit unabhängig zu sein. Dadurch sind wir in der Lage, jederzeit Dinge zu tun, die sonst nur tagsüber möglich wären.

Wir können Licht bündeln, um es heller oder wärmer zu machen. Und da Lichtstrahlen immer geradlinig verlaufen, können wir sie mit Hilfe von spiegelnden Flächen dorthin lenken, wo wir sie brauchen. Treffen sie im rechten Winkel auf, werden sie auf sich selbst zurückgeworfen, ansonsten werden sie im Einfallswinkel abgelenkt.

Wir können Licht nicht greifen, nicht riechen und nicht hören. Aber wir können Licht sehen, bündeln, lenken – und spüren. Eine Kerze oder Lampe macht es uns möglich, im Dunkeln zu sehen. Dann sind auch die Farben wieder da. Wenn wir die Lichtstrahlen bündeln, werden sie noch heller. Und dort, wo sie auftreffen, entsteht Wärme. Lichtstrahlen gehen immer geradeaus. Sie lassen sich aber auch umlenken. Mit einem Spiegel kann man sie „zurückwerfen" – in verschiedene Richtungen. Nehmen wir mehrere Spiegel, werden die Lichtstrahlen also immer wieder hin- und hergeworfen, wir haben mehr Strahlen – es wird heller und wärmer.
Doch wo Licht ist, ist auch Schatten. Es sei denn, das Licht fällt senkrecht auf einen Gegenstand, wie es zum Beispiel mittags geschieht, wenn die Sonne senkrecht über uns steht. Wer Licht hat, kann Schattenbilder und Schattenspiele machen.
Wir sehen: Bilder müssen nicht bunt sein.

Vorschlag zum Vorlesen

Einige Schildbürgergeschichten beschreiben sehr anschaulich, was Licht ist und wofür wir es brauchen: „Wie die Schildbürger Licht ins Rathaus bringen" – „Der fremde Künstler" – „Warum die Schildbürger sich schämen müssen".

Wir bündeln und vermehren Licht

Lichtstrahlen kann man nicht fangen, aber bündeln und lenken. Dann werden sie heller. Das geht zum Beispiel mit einem Schusterglas. Ein Schusterglas ist eine mit Wasser gefüllte Glaskugel. Sie kann das Licht einer Kerze zu einem Lichtstrahl bündeln, der fast so hell wie das Tageslicht ist. Als es noch kein elektrisches Licht gab, verwendeten Schuster und Spitzenklöpplerinnen diese Methode bei Feinarbeiten. Sie stellten eine Kerze auf und ringsherum mehrere Schustergläser.
Wir stellen nun auch eine Kerze auf und versuchen einmal, Licht zu bündeln und zu lenken. Dazu nehmen wir mit Wasser gefüllte bauchige Gläser oder Flaschen. Je runder die Form des Glases oder der Flasche ist, desto besser läßt sich das Licht bündeln.
Ein bauchiges mit Wasser gefülltes Glas bündelt das Licht so stark wie eine Linse oder Lupe, so daß man damit sogar ein Feuer entfachen könnte. Auch mit Spiegeln oder Aluminiumkarten können wir Lichtstrahlen bündeln und lenken.

Wir tanzen wie die Glühwürmchen

Licht ändert seine Richtung, wenn es zum Beispiel auf einen Spiegel oder auf Staniolpapier fällt. Das beobachten wir bei einem Glühwürmchentanz.
Für den Tanz bekommt jedes Kind eine Glühwürmchenkette: Sie besteht aus Staniolpapierstücken, die einmal geknickt und an Bast festgetackert sind. Jedes Kind nimmt eine Taschenlampe mit gelbem Licht (mit Seidenpapier beziehen) in die Hand. Den Raum dunkeln wir ein wenig ab.

Noch spannender ist der Tanz draußen in der Dämmerung oder bei Nacht.
Wir können nach der Melodie „Brüderchen, komm tanz mit mir" tanzen und dabei die Taschenlampen bewegen, zum Beispiel Kreise machen, sie an- und ausschalten. Wir beobachten, wie die Lichtstrahlen „umherspringen" und auf einmal ganz viele Lichter da sind.
Wir singen: „Glühwürmchen komm tanz mit mir, einmal hin, einmal her, rundherum das ist nicht schwer!"
Material: Staniolpapier, gelbes Seidenpapier, Bast, Taschenlampen, Tacker.

Wir machen Schattenspiele

Wenn wir einen Schatten sehen, wissen wir, da muß auch Licht sein, und zwar eine Lichtquelle wie die Sonne oder eine Kerze. Und wenn irgendwo ein Licht ist, gibt es Schatten. Wenn wir Licht haben, können wir auch mit unserem Körper oder mit Spielpuppen Schatten werfen und Schattenbilder machen. Dabei achten wir auf die Farbe, die der Schatten bei Sonnenlicht und bei künstlichem Licht hat.
Wir schneiden Tiere aus Karton. Wir basteln einfache Stabfiguren für ein Schattenspiel und lassen sie kreuchen und fleuchen: Igel, Katze, Eule, Fledermaus. Die Tiere müssen nicht aus schwarzem Karton sein, auch farbiger Karton wirft Schatten. Wer will, kann Teile beweglich anbringen: bei der Katze den Schwanz oder beim Igel die Stacheln. Einfach Löcher bohren und die Teile mit einer Rundklammer am Rumpf fixieren. Je ein Holzstäbchen am Rumpf und dem beweglichen Teil befestigen. Dabei das Papier am Rumpf zweimal ritzen und das Stäbchen durchführen. Nun kann die Katze ihren Schwanz bewegen und der Igel seine Stacheln aufstellen.
Um die Schatten der Tiere gut sehen zu können, brauchen wir als Lichtquelle zum Beispiel eine Kerze, eine Lampe oder die Sonne. Außerdem eine weiße Wand, ein Leintuch oder einen hellen Boden. Los geht's!

Wir machen Schattenbilder

Im 18. Jahrhundert hat der Franzose Etienne de Silhouette Schattenbilder, auch Scherenschnitte genannt, in Europa bekannt gemacht. Herr Silhouette war kurze Zeit Finanzminister und angeblich sehr geizig. Da er für Gemälde und Porträts kein Geld ausgeben wollte, förderte er den preiswerten Scherenschnitt. Auch wir schneiden jetzt Schattenbilder: Wir können Schattenbilder von Porträts, Blumen oder Spielsachen machen. Wir befestigen helles Papier (mindestens A3) an einer Wand. Sehr reizvoll ist auch eine gemusterte Tapete. Davor stellen wir mit etwas Abstand einen Tisch und darauf eine Pflanze. Die Pflanze beleuchten wir mit einer Lampe oder Kerze. Der Schatten fällt an die Wand, und wenn wir Glück haben, auch aufs Papier. Wenn nicht, müssen wir Licht und Pflanzen noch etwas verschieben. Die Kinder können nun den Umriß auf dem Papier nachzeichnen. Danach schneiden sie die Form aus und kleben sie auf ein dunkles oder gemustertes Papier. So haben wir aus dem Schatten ein Bild gemacht.
Material: Papier oder Tapete, Lampe, Klebefilm, Stift, Schere, Klebstoff.

... Dort wo Lichtstrahlen von einem Gegenstand abgelenkt oder zurückgeworfen werden, entsteht Schatten. Doch wenn die Sonne im Zenit steht, gibt es nur unter Bäumen und Sonnenschirmen sichtbaren Schatten.

Licht und Farbe

Ich verzaubere Farben

Licht kann Farben verändern

Wissenswert...

Licht beeinflußt die Farbe von Gegenständen. Bei wenig Licht, wie in der Dämmerung, erlöschen die Farben, bei Sonnenschein erstrahlen sie. Fällt buntes Licht auf einen Gegenstand, nimmt er eine andere Farbe an. Aber nicht wirklich: Nur die Farberscheinung ändert sich. Sie kann beliebig wechseln, die Materialfarbe bleibt jedoch gleich. Dies erleben wir auch in der Natur: bei einem sehr schönen farbintensiven Sonnenaufgang oder Sonnenuntergang.

Wir haben festgestellt, daß alles um uns herum bestimmte Farben hat. Und daß wir die Farben nur sehen können, wenn Licht in unsere Augen und auf Gegenstände fällt. Doch diese Farben können wir leicht ändern, zumindest scheinbar: Wenn wir zum Beispiel ein buntes Glas vor das Licht halten. Oder wenn wir durch eine Brille mit farbigen Gläsern oder einen Farbgucker schauen. Denn dabei färben wir das Licht, und somit ändern sich auch die Farben unserer Umgebung.

Wir sehen alles in einer Farbe

Farbgucker eignen sich wunderbar, um alles um uns herum einzufärben. Wir sehen unsere Umgebung dann in nur einer Farbe. Wir benötigen mindestens drei Gucker, einen roten, einen blauen und einen gelben. Wir bemalen Klopapierrollen mit Plaka- oder Fingerfarbe. Bis die Farbe getrocknet ist, bestreichen wir farbiges Seidenpapier oder Transparentpapier in den genannten Farben, mit Sonnenblumenöl. Das Öl macht das Papier durchsichtiger. Für Kinder ist es auch interessant zu sehen, wie sich das Öl im Papier ausbreitet. Überschüssiges Öl wischen wir mit einem Tuch oder Papier weg. Aus dem Ölpapier schneiden wir Kreise oder Quadrate und befestigen sie einzeln mit einem Gummiband über den Klopapierröhren.

Die Innenfläche der Gucker verkleiden wir zusätzlich mit Alufolie, damit die Farbe schöner leuchtet, wenn wir durchschauen. Dazu schneiden wir aus Alufolie ein Rechteck, rollen es und schieben es in die Röhre.

Wenn wir jetzt durch einen Farbgucker schauen, sehen wir die Welt um uns herum ganz in Rot, in Blau, oder Gelb!

Material: Röhren von Klopapier, Transparent- oder Seidenpapier, Sonnenblumenöl, Gummibänder, Fingerfarben oder Plakafarben, Pinsel.

Wir zaubern Farbzwillinge

Eines Tages machte der Dichter und Farbforscher Johann Wolfgang von Goethe eine merkwürdige Beobachtung. Er saß gerade in einem abgedunkelten Raum mit roten Vorhängen, die zugezogen waren. Die Sonne schien. Durch einen winzigen Spalt drang Licht ins Zimmer und tanzte am Boden. Das Licht war aber nicht weiß, sondern grün. Was Goethe sah, war die Gegenfarbe zu Rot, und das ist Grün.

Jede Farbe hat einen Zwilling, der meistens unsichtbar ist: Mit einem Trick können wir ihn sichtbar machen:

In rotes Seidenpapier schneiden wir eine kleine Öffnung, etwa vom Umfang eines Bleistiftes. Mit einem Gummiband spannen wir es über die Öffnung einer Papierröhre. Wir rollen weißes Papier ein und schieben es in das Rohr. Schon haben wir ein Guckrohr. Wir schauen durch die große Öffnung gegen das Licht. Wir halten das Guckrohr so, daß der Lichtpunkt auf das weiße Papier fällt und betrachten seine Farbe. Rotes Papier erzeugt immer einen grünen Lichtpunkt. Denn die Gegenfarbe von einem Rotton ist ein Grünton – und umgekehrt.

Bei gelbem Papier sehen wir einen violettblauen Punkt und bei orangefarbenem Papier einen blauen Punkt.

Wir probieren verschiedene Farben aus und stellen fest: Der Zwilling, also die Gegenfarbe einer bestimmten Farbe, ist immer gleich.

Material: Papierröhre (Küchenrolle, Paketrolle), Gummiband, Seidenpapier, weißes Papier.

… Jede Farbe hat eine Gegenfarbe. Man nennt diese auch Komplementärfarbe. Magentarot und Grün, Gelb und Violettblau, Orange und Cyanblau sind Gegenfarben. Wenn wir zuerst lange auf eine farbige Fläche und dann auf ein weißes Papier schauen, sehen wir die Gegenfarbe. Unsere Augen sind überfordert, wenn sie zu lange auf einen Punkt blicken. Denn Augen sind dazu gemacht, schnell etwas zu erfassen und ständig den „Blickpunkt" zu ändern. Starren wir unnatürlich lange auf eine Farbfläche, kommt es zu einer Fehlinformation im Auge. Sie blockiert die eigentliche Farbinformation nach ein paar Sekunden und „sendet" statt dessen die Gegenfarbe. Besonders spannend daran ist, daß sich in einem Farbkreis dieselben Farbpaare gegenüberliegen, also komplementär sind.

Die Geschichte vom Farbenzauberer

Manchmal ist es auch Zauberlehrlingen furchtbar langweilig. Besonders dann, wenn der Meister ausgeflogen ist, um neue Zaubermittel zu besorgen, und sie in der Werkstatt alleine sind.

So ging es Puck. Er langweilte sich so sehr, daß er anfing, obwohl der Meister es ihm verboten hatte, zu zaubern.

„Zip, zap, zum,
ich tausche alle Farben um!"

Zuerst zauberte er seine Mütze, die rot war, grün, dann seine Hose, die violett war, gelb, und eine Orange blau. Bald hatte er die ganzen Farben um sich herum verzaubert. Zufrieden sah er sich um. Das war ein Spaß! Puck schaute durchs Fenster, und weil der Wald noch ganz normal grün war, sagte er:

„Grüner, grüner Wald,
ich ändere deine Farbe bald,
grün will ich dich nicht mehr sehn,
du sollst einmal in Rot da stehn!"

Und schon war der Wald rot. Puck war so vertieft in seine Zauberei, daß er die Zeit vergaß und es nicht merkte, als der Zauberer eintrat.

„Du ungehorsamer Zauberbengel, was hast du um alles in der Welt hier angestellt?"

„Mir war so langweilig", maulte Puck verlegen. „Ich bring' sofort alles in Ordnung."

„Aber schnell!" brummte der Meister. „Wir haben zu arbeiten und keine Zeit, Faxen zu machen."

Aber weil Puck so aufgeregt war und sich so arg beeilen wollte, fiel ihm nicht mehr ein, welche Farbe nun der Wald oder der Himmel gehabt hatte. Er konnte sich einfach nicht mehr an ihre Farben und auch nicht an die richtigen Zaubersprüche erinnern.

„Meister, ich weiß nichts mehr", stotterte Puck, „bitte, bitte hilf mir."

Der Zauberer sah ihn streng an. Dann dachte er an die Zeit, als er so jung wie Puck gewesen war, und an seine eigenen Streiche. Das stimmte ihn milde.

„Ich werde dir verschiedene Farben zum Mischen geben, und du mischst die Farben so lange, bis du dich wieder erinnern kannst."

Puck ging ans Werk. Und tatsächlich, nach und nach fielen ihm die richtigen Farben wieder ein. Es schien ihm, als ob die Farben ihm die Zauberformeln zuflüstern würden. Und so zauberte er den roten Wald grün, die blaue Orange orange, die gelbe Hose violett und die grüne Mütze rot.

Wir basteln Laternen und zaubern

Gegenstände können ihre Farbe scheinbar wechseln. Wird eine Gegenstand mit farbigem Licht bestrahlt, ändert er seine Farbe. Wir basteln eine gelbe, eine rote und eine blaue Zauberleuchte – und verändern damit Farben.

Für jede Zauberleuchte nehmen wir einen A4-Bogen Tonpapier der entsprechenden Farbe und zeichnen an einer kurzen Seite einen Rand von 2 cm ein. Dann falten wir das Papier in der Mitte, so daß wir ein A5-Format erhalten. Die eingezeichnete Linie liegt außen. Nun schneiden wir vom Falz aus bis zur Linie breite Streifen in das Papier. Jeden zweiten Streifen knicken wir in die entgegengesetzte Richtung.

Wenn wir die Laterne jetzt aufstellen, erhalten wir als Grundform einen Würfel. Das ist unser Laternengerüst. Wir falten zwei A4-Transparentpapiere (gleiche Farbe) ebenso einmal in der Mitte, legen das Laternengerüst vor uns, bestreichen es mit Klebstoff und fixieren das Transparentpapier darauf. Es darf keine Ritze zu sehen sein. Die Zauberleuchten am besten auf einen weißen Untergrund, ein Tuch oder Papier, stellen.
Nun schneiden wir aus weißen und bunten Papieren Sonne, Baum, Hose ... aus.
Dann kann's losgehen mit der Zauberei. Wir murmeln mit geschlossenen Augen einen geheimen Spruch und legen dabei einen Gegenstand in eine der Zauberleuchten. Er wird sofort verzaubert und wechselt seine Farbe. Eine weiße Wolke zeigt die Verzauberung besonders schön.

Wir stellen alle Zauberlaternen gleicher Farbe in einem Halbkreis auf. Den Raum verdunkeln wir und zünden Teelichter an, die unsere Zauberleuchten strahlen lassen. Die Kinder sitzen vor den Leuchten und haben die Augen geschlossen, bis auf ein Kind, das seine ausgeschnittenen Papiere in den Halbkreis legt und seinen Zauberspruch sagt. Wenn es fertig ist, erraten die anderen Kinder die „echten" Farben.
Wir stellen die gelbe, rote und blaue Zauberlaterne mit etwas Abstand voneinander in einem dunklen Raum auf. Der Spielleiter oder ein Kind legt einen einfarbigen Gegenstand nacheinander vor jede Leuchte, so daß die anderen die Farbänderung sehen. Dann wird geraten: Welche Farbe hat der Gegenstand in Wirklichkeit?
Material: Tonpapier und Transparent- oder Seidenpapier (gleiche Farben), Schere, Klebstoff, beliebiges farbiges und weißes Papier, Teelichter, Bleistift, Lineal.

Licht und Farbe

Ich fühle Farben

Die Wärme der Sonne und die Farben

Wissenswert...

Die Sonne sendet mit ihren Strahlen Wärme aus. Diese Wärme kann gespeichert und in Energie umgewandelt werden, wie es bei den Sonnenkollektoren der Fall ist. Jedes dunkle Material speichert Sonnenstrahlen. Deshalb ist eine Teerstraße im Sommer nachts noch warm, Sand aber schon wieder kühl. Und Schnee ist kalt und blendet, weil er das Licht zurückwirft. Schwarz verschluckt die Wärme, während Weiß sie wieder abgibt. Darum wird im Winter lieber Schwarz getragen als im Sommer.

Wir spüren die Wärme der Sonnenstrahlen auf unserer Haut und merken den kühlen Schatten, wenn sich eine Wolke vor die Sonne schiebt. Wir empfinden die Veränderung auch, ohne sie zu sehen. Bei Hitze können wir spüren, daß es uns in dunkler Kleidung wärmer wird als in heller. Denn dunkle Farben schlucken die Wärme, während helle Farben die Wärme zurückgeben. Aus dem gleichen Grund ist im Sommer die dunkle Teerstraße abends noch warm, der helle Sand oder Marmor bereits kalt.

Spiel: Wir sind kleine Eidechsen

Wir schließen die Augen und lassen unser Gesicht von Sonnenstrahlen wärmen. Wir verwandeln uns in kleine Eidechsen und sind ganz leise, so wie Eidechsen es nun einmal sind. Jemand klatscht in die Hände, und um nicht gesehen zu werden, verstecken alle Eidechsen schnell die Köpfe im Dunkeln. Dazu werden vorher Tücher und Kartons verteilt. Die Eidechsen bleiben eine ganze Weile in ihrem dunklen Versteck. Leises Rascheln macht sie neugierig. Sie strecken die Köpfe hervor und wärmen sich wieder im Sonnenlicht.

Die Geschichte vom Eidechsenei

Mama und Papa Eidechse bauen sich ein Nestchen. Denn es ist wieder soweit, Mama Eidechse legt viele Babyeier. Papa Eidechse ist besorgt. Ist das Nestchen auch nicht zu klein? Wird die Sonne scheinen, damit es schön warm ist?
Mama und Papa Eidechse betrachten voll Freude ihre vielen Babyeier. Doch leider ist die Sonne noch nicht durch die Wolken gekommen.
„Wir müssen etwas tun", flüstert die Mama leise. „Den Kleinen wird's zu kalt."
„Ja, aber was?" fragt der Papa nachdenklich. Beide überlegen.
„Ich hab's!" rufen sie gleichzeitig. „Wir malen unsere weißen Eier schwarz an, dann wird ihnen gleich wärmer."
Gesagt, getan. Bald sind alle Eier angemalt.
„Aber was, wenn's ihnen nun zu heiß wird?" fragt Papa Eidechse.
„Nun, dann legen wir sie in den Schatten oder stellen einen Sonnenschirm auf."
„Das ist eine gute Idee", sagt Papa Eidechse und gibt Mama Eidechse einen Kuß.

... *Nomadenvölker in Regionen mit hohen Tagestemperaturen und sehr kühlen Nächten tragen oft Blauschwarz. Ihre mit Indigo gefärbten Stoffe sind insektenabweisend und wirken antiseptisch. Mehrere Tuchbahnen übereinander getragen, wärmen nachts. Und in der Tageshitze kühlen sie ein wenig: Da warme Luft nach oben steigt, entsteht eine leichte Luftzirkulation.*

Wir basteln eine Eidechsenfamilie

Um Eidechsen und Eier zu basteln, sammeln wir zunächst Kieselsteine. Als Rumpf nehmen wir einen Stein. Aus gelbem Papier schneiden wir Füße, Kopf und einen Schwanz und kleben alles an ein Stückchen Papier, das so groß wie der Stein ist. Jetzt wird der Stein auf dem Papier befestigt. Mit einem Locher stanzen wir Papierkreise aus und kleben sie auf. Die Eidechsen können alle Farben haben. Von den Eiern sollten einige weiß, einige schwarz sein: Wir malen die Steine an, dann legen wir sie in die Sonne und vergleichen, ob die weißen oder schwarzen wärmer sind.
Material: Steine, buntes Papier, weiße und schwarze Plakafarbe, Klebstoff, Locher.

Wir verwandeln uns in Eidechseneier

Nun werden die Kinder zu kleinen Eidechseneiern und testen, ob es stimmt, was Mama und Papa Eidechse behaupten. Sie sitzen mit schwarzen und weißen Tüchern unter der Sonne. Wem wird es als erstem zu heiß?

Licht und Farbe

Die Wärme der Farben

Wissenswert...
*Farbiges Licht hat eine ganz bestimmte Wirkung. Deshalb werden in Kirchen oder Moscheen bunte Glasfenster eingesetzt.
In der Medizin wird monochromes (einfarbiges) Licht verwendet, um Menschen zu heilen.*

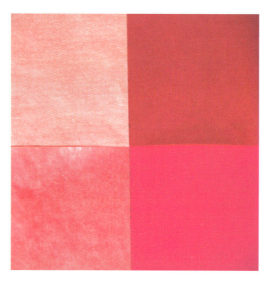

Licht kann bunt sein – Blau, zum Beispiel, oder Rot. In einer Kirche oder Moschee können wir erleben, wie schön es ist, wenn die Sonne durch die bunten Scheiben fällt und farbige Lichter auf den Boden und die Wände wirft. Dieses Licht lädt zum Stillwerden und zur Andacht ein.
Farbiges Licht können wir aber auch als warm oder kühl empfinden. Am meisten Wärme strahlt rotes Licht aus, deshalb sind Wärmelampen rot. Am kältesten ist blaues Licht.
Wenn wir darauf achten, können wir den Unterschied von blauem und rotem Licht spüren.

Die Geschichte vom bunten Licht

Es war einmal ein Mädchen. Das lebte in einer kleinen Hütte. Es hatte nur ein einziges, dünnes Kleidchen und, was noch schlimmer war, keinen Ofen. So konnte es sich nichts kochen und hatte es auch nicht warm in seiner Wohnung.
Als es Winter und sehr kalt wurde, fror das Mädchen. Seine Hände und Füße waren bald blau gefroren, weil es auch keine Schuhe und Handschuhe hatte.
„Ach bitte, liebe Sonne, komm doch und schenk mir einen Sonnenstrahl", bat das Mädchen.
Die Sonne hatte Mitleid mit dem armen Mädchen und kitzelte es mit ihren Strahlen an der Nase. „Ich werde dir einen Strahl schicken, der dich wärmt", flüsterte sie.
Und so geschah es. Ein Strahl in rotem Orange erleuchtete die ganze Stube, und das Mädchen fühlte sich mit einemmal warm und geborgen. Als dann aber der Sommer kam und es sehr heiß wurde, war es in der Stube bald unerträglich stickig.
Wieder sprach das Mädchen: „Liebe Sonne, hilf mir." Und die Sonne half ihm auch dieses Mal. Sie schickte einen türkisblauen Strahl in die Stube des Mädchens, und da wurde es angenehm frisch und kühl.
Bald kamen die Nachbarn ins Haus, um sich hier von der Hitze zu erholen. Und sie waren dem armen Mädchen so dankbar, daß sie ihm viele Geschenke machten. So mußte das Mädchen keine Not mehr leiden.
Niemand jedoch achtete auf das blaue Licht. Nur das Mädchen und die Sonne kannten das Geheimnis.

... Die Wirkung von farbigem Licht kann man messen: Was wir als warmes oder als kaltes Licht empfinden hat auch einen bestimmten Energiegehalt. So sind rote Lichtwellen am wärmsten; deshalb sind alle Wärmelampen rot. Und blaue Lichtwellen sind am kältesten. Die Wirkung von Malfarben dagegen kann man nicht messen, hier empfindet jeder anders.

Rotes Fenster, blaues Fenster

Wir wollen nun selber ausprobieren, ob sich unser Wärmeempfinden durch farbiges Licht ändert und ein Raum wärmer oder kälter wird. Dazu brauchen wir zwei Räume mit Fenster. In dem einen Raum verhängen wir alle Fenster mit roten und orangefarbenen Seidenpapieren, im anderen Raum mit türkisfarbenen Seidenpapieren. Was fühlen wir? Wenn es draußen kalt ist, empfinden wir rote Fenster als angenehm, ist es aber sehr heiß, wirkt Türkis wohltuend kühl.

Licht und Farbe

Der Bogen in den Wolken
Die Farben des Sonnenlichts

Wissenswert...

Der Regenbogen ist ein immer wieder faszinierendes Schauspiel, ein Naturwunder, dessen Schönheit jeden berührt. In Religionen und Philosophien wird er als ein mystisches, göttliches Zeichen gedeutet. Die Farben des Regenbogens sehen wir immer in der gleichen Reihenfolge. Außen ist ein Rot und innen ein Blauviolett. Die wichtigsten Farben sind Rot, Gelb, Grün, Eisblau (Cyanblau) und Blauviolett. Weil die Farben ineinanderfließen, sehen wir zwischen Rot und Gelb ein Orange. Dies nennt man eine optische Mischung. Bei einem Regenbogen sieht jeder unterschiedlich viele Farben.

Das Sonnenlicht enthält Farben, die wir erst sehen können, wenn seine Strahlen durch Regentropfen fallen und gebrochen werden. Dann sehen wir einen Regenbogen in Rot, Gelb, Grün, Eisblau und Blauviolett. Manchmal sehen wir auch Orange.
Läßt man die Sonnenstrahlen durch ein Prisma fallen, zeigen sich ebenso Regenbogenfarben. Wenn umgekehrt die Lichtfarben alle zusammen auf einen Punkt leuchten, entsteht weißes Licht.
Lichtfarben können nie zu Schwarz oder Dunkelbraun „gemischt" werden, wie wir es von den Malfarben kennen.
Der Regenbogen ist in vielen Religionen ein göttliches Zeichen. Auch wenn wir das Erscheinen erklären können, bleibt er geheimnisvoll. Wir staunen und freuen uns über ihn.

Zum Vorlesen

In der Bibel finden wir den Regenbogen als göttliches Zeichen beschrieben. Wir lesen im Alten Testament „Noah und die Arche".

Wir malen einen Regenbogen

Bevor wir einen Regenbogen malen, sprechen wir darüber. Wie sieht ein Regenbogen aus? Ein Regenbogen ist groß, also braucht er viel Platz. Die Kinder feuchten ein großes Blatt Papier mit einem Schwämmchen an. Dann nehmen sie mit dem Schwämmchen Farbe auf (mit Wasser in Schälchen anrühren) und ziehen einen weiten Bogen.
Hier sollte man auf gutes Material Wert legen, damit der Regenbogen seine Schönheit entfalten kann.
Material: Acrylfarbe oder Aquarellfarbe in Tuben, Schälchen, (Kosmetik-)Schwämme, saugfähiges Papier (kein Zeichenblockpapier), Farben: Rot, Gelb, Grün, Eisblau (Cyanblau) und Violettblau.

Wir machen einen Regenbogen

Wir füllen einen Viertel Liter Wasser so in einen durchsichtigen Plastikbeutel, daß es in einer Ecke zusammenläuft. Mit Hilfe dieses „Wasserdreiecks" können wir Lichtstrahlen brechen und einen Regenbogen herbeizaubern. In einer dunklen Zimmerecke leuchten wir mit dem Lichtstrahl einer Taschenlampe auf das Wasser. Dabei kommt es auf den Einfallswinkel des Lichtstrahls an. Ein bißchen Geduld – und wir werden mit einem tollen Regenbogen belohnt.

Wir machen Seifenblasen

Die Farben des Regenbogens können wir auch in Seifenblasen entdecken. Wenn Lichtstrahlen auf die feine Blasenhaut fallen, laufen sie hier in verschiedenen Richtungen auseinander. Denn die Haut ist unterschiedlich dick. Begegnen sich gleiche Strahlen, verstärken sie sich gegenseitig – und wir sehen ihre Farbe.

Wir geben Seifenlauge (Wasser und Spülmittel) in eine dunkle Schüssel, pusten mit einem Strohhalm, bis viele Blasen entstehen, und beobachten die Farben.

Wir machen Seifenblasen und halten sie vor einen dunklen Untergrund. So können wir mit ein wenig Geduld die schönsten Farben sehen.

Ein Gedicht: Die Seifenblase

Es schwebte eine Seifenblase
aus einem Fenster auf die Straße.
„Ach nimm mich mit dir", bat die Spinne
und sprang von der Regenrinne.
Und weil die Spinne gar nicht schwer,
fuhr sie im Luftschiff übers Meer.
Da nahte eine böse Mücke,
sie stach ins Luftschiff voller Tücke.
Die Spinne mit dem Luftschiff sank
ins kalte Wasser und ertrank.
(Joachim Ringelnatz)

Wir falten einen Regenbogenfächer

Papierstreifen in Regenbogenfarben auf ein A4-Blatt kleben. Aufgepaßt, daß die Farben in der richtigen Reihenfolge kommen, sonst ist der Regenbogentanz, den wir später machen wollen, wirkungslos. Jetzt noch das Blatt zu einem Regenbogenfächer falten.
Material: farbiges Glanzpapier, A4-Blätter, Cutter, Klebstoff, Schere.

*... Die drei Grundfarben des Lichtes sind Rot, Grün und Blauviolett. Auch alle Farben am Fernseher oder Computer werden aus den Grundfarben des Lichtes (RGB – Rot, Grün, Blauviolett) erzeugt. Rotes und grünes Licht zusammen ergeben Gelb. Blauviolettes und rotes Licht ergeben Magentarot. Grünes und blauviolettes Licht ergeben Cyanblau. Fallen rotes, grünes und blauviolettes Licht zusammen, entsteht wieder weißes Licht.
Dies nennt man additive Mischung.
Mischt man dagegen alle Malfarben zusammen, erhalten wir Dunkelbraun. Hier spricht man von subtraktiver Mischung.*

Licht und Farbe

Der Regenbogen

Eine Geschichte: Die Regenbogenschlange

Jedesmal, wenn am Himmel ein Regenbogen erscheint, bewundern die Menschen seine bunten Farben und fragen nach dem Ursprung dieser seltsamen Schönheit. Aber nur die Indianer im Westen wissen eine uralte Sage darüber zu erzählen.

Zu jener Zeit herrschte eine unerträgliche Hitze. Die glühende Luft zitterte über der fast verdorrten Prärie. Flüsse und Seen waren bis auf den Grund ausgetrocknet, und die Menschen, die sich nur noch im Schatten aufhalten konnten, jammerten:

„Das Jagdwild zieht den Regenwolken nach!"
„Die Fische schwimmen mit dem Strom mit!"
„Nicht einmal die Rosen geben uns ihre eßbaren Samen, weil sie vertrocknet sind!"
„Wir werden alle sterben müssen!"

Diese Klagen der Menschen hatte eine kleine Schlange vernommen. Sie schlüpfte aus ihrem Versteck und sagte zum namenlosen Erstaunen der Indianer mit menschlicher Stimme: „Ich besitze eine große Macht, und die will ich dazu benutzen, um euch zu helfen. Ihr braucht dabei nichts anderes zu tun, als mich hoch in den Himmel zu werfen."

„Du wirst herunterfallen und tot sein", entgegnete der Zauberer, der sich als erster von dem Schreck erholt hatte.

„O nein, ich halte mich mit meinen Schuppen oben fest. Und damit kann ich euch auch Regen und Schnee herunterkratzen, denn die blauen Himmelswiesen sind aus lauter bläulichem Eis."

„Du bist viel zu klein", widersprach der Schamane kopfschüttelnd.

„Ich kann mich so lang machen, daß ich den ganzen Horizont umspanne", erwiderte die Schlange. „Wirf mich nur ruhig hinauf, je höher, desto besser."

Da wagte der Zauberer keine Widerrede mehr, nahm die Schlange, die sich zu einem Knäuel zusammengeringelt hatte, hob den Arm und schleuderte sie mit aller Kraft in den wolkenlosen Himmel hinauf.

Oben angekommen, ringelte sich die Schlange auf. Sie wurde länger und länger. Kopf und Schwanz sanken zur Erde, aber der Rücken wölbte sich unfaßbar hoch nach oben und kratzte mit den Schuppen das blaue Eis von der Himmelsdecke.

„Eine Regenbogenschlange! Seht nur – eine Regenbogenschlange!" riefen die Indianer, denn der Schlangenleib leuchtete plötzlich rot, gelb, grün und violett.

Das Eis am Himmel begann zu tauen, und nach langer, langer Zeit fielen endlich wieder Regentropfen zur Erde.

Das Land erwachte zu neuem Leben; die ausgetrockneten Flüsse und Seen füllten sich mit Wasser, das Wild kehrte in seine Jagdgründe zurück, die Rosen prangten in Blüten.

Und die Indianer? Die hielten ihre Gesichter den erfrischenden Wassertropfen entgegen und tanzten zu Ehren der Schlange, die seither immer, wenn es bei Sonnenschein regnet, ihren geschmeidigen Leib wie ein farbiges Band über die Erde wölbt.

Wir basteln eine Regenbogenschlange

Für den Kopf unserer Regenbogenschlange knüllen wir Servietten zu einer Kugel, umhüllen diese mit einer farbigen Serviette und binden sie zu. Jetzt noch Augen aus Knöpfen und eine Papierzunge dran.
Für den Schlangenkörper binden oder tackern wir lange, bunte Papierstreifen an einem Ende zusammen. Kopf und Papierbänder befestigen wir an dem Ende eines Stockes. Wir nehmen Bastfäden doppelt und binden daraus eine Halskrause. Als Schmuck kleben wir Staniolpapiere an den Bastfäden fest. Nun halten wir die Schlange hoch in den Himmel und lassen ihre Farben fliegen.
Material: Servietten, lange Papierstreifen (Krepp), Seidenpapier, Knöpfe, Staniolpapier, Bast, Stock, Schere, Nadel und Faden, Tacker.

Wir machen einen Regenbogentanz

Jedes Kind hat einen Regenbogenfächer oder eine Stabschlange. Jetzt können wir uns einen Regenbogentanz ausdenken.

Die Farben der Natur

Kirsche und Erdbeere

Früchte haben eine bunte Botschaft

Wissenswert...

Die Natur setzt Farben ein, um Tieren und Menschen etwas mitzuteilen. So können die Blütenfarben eine Orientierungshilfe für Honigbienen sein. Eine Biene kann ihren Kolleginnen durch einen „Tanz" zum Beispiel mitteilen: die blauen Blumen sind sehr gut. Und diese Bienen fliegen dann die blauen Blüten an. Wir erkennen an der Farbe, ob Früchte reif sind und ob Blätter jung und frisch sind. Ebenso können wir durch Veränderungen der Farbe Krankheiten erkennen.

Die Natur hat viele Farben und Nuancen. Sie sind fein aufeinander abgestimmt. Unser Farb- und Proportionsempfinden wird nachhaltig durch die Natur geprägt. So ordnen wir, wenn wir malen oder zeichnen, das Helle, wie die Sonne, oben und das Dunkle, wie die Erde, unten an. Innenräume, deren Decken sehr dunkel und deren Böden sehr hell sind, brechen mit unserer Naturwahrnehmung. Wir sind verunsichert oder fühlen uns unwohl.

Nirgendwo gibt es so viele Farbtöne zu sehen wie in der Natur. Wenn wir zum Beispiel im Wald spazierengehen, entdecken wir eine Fülle von Grün- und Brauntönen. Diese Vielfalt und Harmonie der Farben wirkt auf uns erholsam. Zudem spricht die Natur mit uns in Farben. So wissen wir aus Erfahrung, wann Früchte reif sind. Ihre Farben zeigen es uns. Die Botschaft der Pflanze nützt ihr und uns. Grüne Früchte, die noch reifen müssen, sind schwer zu erkennen. In einer Umgebung von grünen Blättern sind sie getarnt. Erst wenn die Früchte reif und rot werden, können wir sie gut sehen. Gesehen zu werden ist für die Pflanze jetzt wichtig! Denn in jeder reifen Frucht steckt ein Kern oder ein Samen, aus dem sich ein neues Pflänzchen entwickeln kann – aber nur dann, wenn der reife Kern oder Samen von der Mutterpflanze weg auf fruchtbaren Boden fällt. So ruft die rote Kirsche: „Pflück mich, ich bin reif und schmecke süß!" Was wir natürlich gerne tun.

Wir lassen Kirschen leuchten

Wir schneiden Blätter aus grünen Papieren oder sammeln Kirschblätter und kleben sie auf eine große, runde grüne Fläche. Das ist unsere Baumkrone. Sie sollte mindestens Tischgröße haben. Je mehr Grüntöne wir verwenden, desto reizvoller wird der Baum. Dann fertigen wir aus Knete oder Kieselsteinen reife und unreife Kirschen und verbinden sie mit einem grünen oder braunen Bändchen zu Paaren. Die legen wir auf unseren Baum. Wir sehen die kleinen roten Punkte auf der großen grünen Fläche leuchten, während die grünen Kirschen nicht auffallen. Wir entwickeln ein Gefühl für Größe und Farbwirkung. Obwohl die roten Kugeln so klein sind, übersieht man sie nicht. Je kleiner eine Fläche wird, desto mehr muß sie strahlen, um nicht unterzugehen.

Wir wollen sehen, ob es für Kirschen vielleicht eine Farbe gibt, die noch besser als Rot gesehen wird. Dazu machen wir Kirschen in Gelb und Blau. Wir legen die gelben, blauen und roten Kirschen auf den grünen Untergrund und gehen einen Schritt zurück. Was leuchtet am besten?

Material: grüner Karton, grünes Papier, Kirschblätter, rote, gelbe, grüne und blaue Knete oder Plakafarbe und Steine, grüne oder braune Bänder, Klebstoff, Schere.

Spiel: Kirschen suchen

Wir haben festgestellt: leuchtendes Rot ist wichtig, um gesehen zu werden. Grüne Früchte in einer grünen Umgebung fallen nicht auf. Wir verteilen die gebastelten roten und grünen Kirschen im Garten und hängen sie zum Beispiel an einen Strauch. Echte rote Kirschen mischen wir auch darunter. Die Kinder dürfen dabei nicht zusehen. Wenn alle Kirschen auf Büsche und Sträucher verteilt sind, sammeln die Kinder sie ein. Wer hat die meisten gepflückt? Grüne Kirschen zählen doppelt.

Spiel: Kirschen und Stare

Nicht nur wir Menschen, auch Tiere werden von reifen Früchten angelockt. So streiten sich in unserem Spiel Stare und Menschen um Kirschen.

Die Kinder bilden einen doppelten Kreis. Im äußeren Kreis sind die Stare, im inneren Vogelscheuchen. In der Mitte liegt der Kirschbaum mit den Kirschen. Die Stare wollen gerne Kirschen essen und flattern mit Gekreische um die Vogelscheuchen. Diese beschützen die Früchte.

Die Spielleiterin oder der Spielleiter ruft: „Die Kirschen sind reif!" Und die Vogelschar versucht, durch den Kreis der Vogelscheuchen zu schlüpfen und Kirschen zu holen. Doch die Vogelscheuchen halten sich fest an den Händen und bilden ein Hindernis. Jeder Vogel, der durchkommt, darf eine Kirsche pflücken und in sein Nest tragen.

Bei dem Ruf „Stare schnell weg!" müssen die Stare zurückfliegen, und die Vogelscheuchen haben wieder Ruhe.

Die Farben der Natur

Großes Grün und kleines Rot

der Farben zueinander.
Das kleine Rot einer Mohnblume in einer großen, grünen Wiese erfreut uns. Von einer Mohnblumenwiese sind wir überwältigt. Das Rot bildet keine eintönige Fläche, sondern ist durchsetzt mit grünen Blättern und Stengeln. Eine monochrome Farbfläche gibt es in der Natur nicht.
Wir empfinden die Farben in der Natur als harmonisch und fühlen uns wohl mit ihnen. Sie können richtig erholsam für uns sein.
In Städten werden Farben oft willkürlich und möglichst auch auffallend eingesetzt. Sie wirken laut und grell. Manchmal tun sie richtig weh.

Die Farben der Erdbeere

Wir haben festgestellt, daß Früchte sich verändern, während sie wachsen und reifen. Daher wissen wir, wann sie gut schmecken und wann nicht.
Wir erzählen von Erdbeermarmelade und Erbeerkuchen. Wie sieht die Erdbeerpflanze, wie die Blüte aus? Welche Farben kann die Frucht haben? Und was geschieht, wenn eine Frucht nicht geerntet wird? Gemeinsam denken wir über andere Früchte nach, die bei uns wachsen. Wie sehen sie aus, wenn sie noch klein sind, und wie, wenn sie reif sind?

Wir malen ein Erdbeer-Mandala

Die Kinder malen eine Kopie des hier abgebildeten Mandalas mit Stiften aus. Sie können sich dabei ganz auf den Farbwechsel der Erdbeeren konzentrieren. Musikbegleitung fördert die Konzentration und Besinnung.

Wir gestalten eine Blumenwiese

Bei einem Kirschbaum oder einem Erdbeerfeld sind die grünen und braunen Flächen ziemlich groß und die roten Farbtupfer ziemlich klein. Auch wenn wir eine Blumenwiese betrachten, sehen wir viel Grün mit kleinen Blütenköpfen. Solch eine Blumenwiese finden wir schön und harmonisch in ihren Farben. Wir malen eine grüne Wiese mit Kreiden und Pinsel. Jedes Kind schneidet seine Lieblingsblume aus. Dann werden die Blumen auf der grünen Wiese angebracht. Wir sehen nun kleine und große Blüten auf einer noch größeren grünen Fläche.

Sie sind im Verhältnis zur Wiese klein, aber eben aus diesem Grund leuchten die blauen, gelben und roten Blüten in der grünen Fläche. Wäre die Wiese gelb, würde kleines Grün darin strahlen.

„Farbpapiere" aus der Natur

Die Natur bietet uns viele verschiedene Nuancen von Farbtönen. Wenn wir Blätter im Herbst sammeln, haben wir eine Reihe von Grün-, Gelb- und Rottönen, die wir mit Farbe selber nicht herstellen können.
Ergänzen können wir unsere Blättersammlung mit Blütenblättern. Wir trocknen und pressen sie. Manche Blüten verlieren ihre Farben, andere behalten sie.
Mit den „Farbpapieren" aus der Natur kleben wir Figuren auf Butterbrotpapier und hängen sie ans Fenster.
Material: Blätter, Butterbrotpapier, Klebstoff.

Die Farben der Natur

Gelbe Bären gibt es nicht!
Tarnung und Schmuck

Wissenswert...

Für manche Tiere ist das passende Farbkleid lebensnotwendig. Es dient als Schutz, zur Tarnung oder als Warnung. Oft warnen leuchtende Farben wie Rot und die Kombination von Gelb und Schwarz vor giftigen und gefährlichen Tieren. Die Wespe zum Beispiel ist gelb und schwarz gestreift, um zu warnen: ich bin gefährlich. Die Schwebfliege ist auch gelb und schwarz gestreift, aber sie ist harmlos. Sie ahmt das Farbkleid der Wespe nach und täuscht so ihre Feinde. Das nennt man Mimikry. Das leuchtende Rot der Marienkäfer oder des Blutströpfchens warnen Vögel. Diese wissen, solche Insekten schmecken widerlich.

In der Tierwelt sind die Farben unterschiedlich verteilt. Manche Vögel prunken mit leuchtenden Farben wie der Pfau, andere sind an die Farbe der Umgebung angepaßt. Farbe kann Schutz bedeuten wie beim Feldhasen oder beim Schneehasen. Oder sie kann Tarnung sein, dann können sich Raubtiere unbeobachtet anschleichen. Manche Tiere tragen Farben zum Abschrecken und um zu zeigen, daß sie besonders gefährlich oder giftig sind.

Die Farben der Stofftiere

Die Kinder bringen Spielzeugtiere mit und stellen sie einzeln vor. Sie ahmen die Laute der Tiere nach, und wir sprechen darüber, was es für ein Tier ist und wo und wie es lebt. Schmückt es sich mit Farbe, oder will es sich tarnen? Gibt es das Tier auch bei uns, oder lebt es in einem anderen Land? Sind die Farben des Tieres in „echt" genauso, oder sind es Phantasiefarben?
Wir stellen die Tiere in zwei Gruppen auf: in der einen Gruppe sind alle Tiere mit natürlichen Farben, in der anderen Gruppe die Tiere mit Phantasiefarben. So können wir auch über rosarote Panther oder lila Kühe sprechen.

Spiel: Wir sind Jäger

Im Freien, auf einer abgesteckten Fläche mit Sträuchern und Bäumen werden Plüschtiere verteilt. Wir nehmen nur Stofftiere, die farblich den echten Tieren nachgemacht sind. Wir stellen die Tiere möglichst dorthin, wo sie in der Natur auch vorkommen.
Die Kinder sind Jäger. Mit einem Pfiff wird die Jagd eröffnet, und die Kinder müssen nun die Tiere einfangen. Nach ein paar Sekunden wird wieder gepfiffen, und die Jagd ist aus. Wer hat die meisten Tiere erwischt?

Wir malen Fell und Federn

Die Kinder suchen sich ein Tier aus und malen einen Teil vom Fell oder Federkleid. Dabei konzentrieren sie sich auf die Farben und die Struktur des Felles oder der Federn. Kämme und Bürsten sind unsere Pinsel. Mit ihnen streichen die Kinder Farbe aufs Papier. Bei größeren Bürsten rühren wir Farbe in Schüsseln an. So läßt sich ein Fell mit vielen Haaren oder Federn besonders gut darstellen.
Material: Zahnbürsten, Schuhbürsten und Kämme, Fingerfarben, Acrylfarben, Packpapier.

Wir sammeln Federn

Im Frühherbst, wenn sich die meisten Vögel mausern, ist die beste Zeit, Federn zu sammeln. An Seeufern und Teichen gibt es viele zu finden. Die Kinder können auch Federn von Haustieren mitbringen.
Wir legen die Federn einzeln aus und raten anhand der Farbe, welchem Vogel jede Feder gehören könnte.

Wir malen Tiere in ihrer Umgebung

Warum ist der Hase nicht rot? Solch eine Frage kann Anlaß sein nachzudenken. Mit Fragen tasten wir uns heran. Es gehört eine Portion Phantasie und Unbefangenheit dazu, die Welt nicht als selbstverständlich hinzunehmen. Was wäre denn, wenn der Hase rot wäre? Wie müßte dann seine Umgebung aussehen, damit er gut getarnt wäre?
Jedes Kind sucht sich sein Lieblingstier aus. Wir überlegen gemeinsam, ob das Tier sich mit seinen Farben tarnen, ob es andere warnen oder beeindrucken will. Wenn wir über Tiere sprechen, die es bei uns nicht gibt, schauen wir uns dazu Bilder an.
Jedes Kind malt ein Tier seiner Wahl und schneidet es aus. Dann gestalten wir die Umgebung, in der die Tiere leben. Wir kleben sie aus farbigen Papieren oder malen sie. Wir machen eine grüne Wiese für den bunten Schmetterling oder den Grashüpfer, einen Wald für das Reh und den Fuchs, Eis und Schnee für den Eisbären, eine braune Steppe für den Löwen und die Giraffe, Baumkronen für die Vögel. Zuletzt kleben wir die Tiere in ihre Umgebung.
Material: Kreiden, Wasserfarbe, Fingerfarbe, bunte Papiere, Schere, Klebstoff.

Blattlaus und Marienkäfer

Ein gutes Beispiel für Schmuck, Warnung und Tarnung in der Insektenwelt sind Blattlaus und Marienkäfer.
Den roten Marienkäfer sieht man sofort. Besonders wenn er auf einem grünen Blatt sitzt. Er schmückt sich mit der roten Farbe und sagt seinen Feinden, den Vögeln: „Hier bin ich, ein Marienkäfer, und schmecke grauenvoll!" Die Vögel sind gewarnt und picken ihn nicht auf. Sie wissen, daß Marienkäfer unangenehme Sekrete abgeben.
Die grüne Blattlaus dagegen ist auf einem grünen Blatt getarnt. Blattläuse ernähren sich von Pflanzensaft, und deswegen sind sie grün.
Auf grünem Papier malen wir das Pärchen. Wir sehen, daß unsere grünen Läuse auf dem grünen Papier zwar sichtbar, aber nicht auffällig sind. Die Käfer jedoch strahlen, denn Rot und Grün sind gegensätzliche Farben.
Material: deckende Farben wie Fingerfarben oder Kreiden, grünes Papier.

Spiel: Ho, Blattlaus, ho!

Wir schneiden aus rotem Kreppapier große Kreise und aus grünem Kreppapier große Quadrate. In die Mitte schneiden wir mit einem Cutter ein Kreuz, durch das die Kinder den Kopf stecken können. Die Marienkäferkinder erhalten roten, die Blattlauskinder grünen Halsschmuck.
Ein Marienkäferkind schnappt sich ein Blattlauskind und reitet mit ihm umher.
Bei dem Ruf „Ho, Blattlaus, ho!" bleiben alle Läuse stehen, und die Marienkäfer versuchen, ihre Laus durch Kitzeln zum Lachen zu bringen. Schaffen sie es, geht das Spiel unverändert weiter, schaffen sie es nicht, wird der Marienkäfer zur Blattlaus, und die Kinder tauschen die Farbe. Bei dem Ruf „Hü, Blattlaus, Hü!" laufen Blattlaus und Marienkäfer wieder gemeinsam weiter.
Material: rotes und grünes Kreppapier, Cutter und Schere.

... Fluchttiere wie Feldhasen wollen nicht von ihren Feinden entdeckt werden. Die Farbe des Felles ist der Umgebung angepaßt. Insekten haben oft die Farbe ihrer Futterpflanzen und sind so für ihre Feinde schlecht erkennbar.
Einige Tiere wie zum Beispiel männliche Vögel haben aber auch prächtige Farben, um Rivalen oder Weibchen zu beeindrucken.
Das Chamäleon und der Laubfrosch können ihre Farbe selbst wechseln.
Aus Gestaltungsgründen werden Tierfarben oft anders gewählt, als sie in der Natur vorkommen. Das kann bei Kindern Verwirrung stiften: „Gibt es lila Kühe?"

Die Farben der Natur

Blauer Himmel, schwarze Wolke
Das Wetter und seine Farben

Wissenswert...

Als die Menschen anfingen, Ackerbau und Viehzucht zu betreiben, wurden sie verstärkt vom Wetter abhängig. Solange es noch keine Meßgeräte gab, war man allein auf die Wahrnehmung angewiesen: Man beobachtete die Sonne, den Mond, den Himmel, die Wärme und Kälte, den Regen und den Wechsel der Jahreszeiten und versuchte Gesetzmäßigkeiten zu erkennen und Wettervorhersagen zu machen. So kam man auch auf den ersten Kalender: den Mondkalender, der einen Zyklus von 28 Tagen beschreibt.

Aus der Wetterbeobachtung leiteten die Menschen Regeln ab. Die ältesten Bauernregeln, die wir kennen, stammen aus Babylonien. Im 16. Jahrhundert beobachtete der Abt Mauritius Knauer sieben Jahre lang das Wetter, ebenso das Verhalten der Tiere, und entwickelte daraus den „Hundertjährigen Kalender". Seine Beobachtungen hielt er in gereimten Sprüchen fest.

Für viele Menschen ist das Wetter sehr wichtig: für Landwirte und Bauarbeiter zum Beispiel, für die Schiffahrt und den Flugverkehr ...
Heutzutage informieren uns Wettervorhersagen und Wetterkarten, die mit Hilfe von Meßgeräten erstellt werden, wie das Wetter wird. Doch früher waren die Menschen ganz auf die eigene Beobachtung angewiesen. Auch wir beobachten die Sonne, die Wolken, den Himmel, wir schauen, ob es schneit, ob es einen Regenbogen gibt oder neblig ist. Blauer Himmel und Sonnenschein sagen uns: „Freu dich auf einen schönen Tag!" Dunkle Wolken warnen uns: „Vorsicht, es könnte Regen oder ein Gewitter geben."

Wir sind Wetterforscher

Der Mönch Mauritius Knauer, der im 16. Jahrhundert lebte, hat sieben Jahre lang das Wetter beobachtet und alles aufgeschrieben, um Wettervorhersagen machen zu können. Daraus entstand dann der Hundertjährige Kalender.
Farben spielen bei der Wetterbeobachtung eine wichtige Rolle. Wir sehen einen grauen Nebel, einen blauen Himmel, weiße oder schwarze Wolken, einen roten Sonnenaufgang, einen Regenbogen und können dies deuten.
Wir machen unsere eigene Wetterstation und beobachten das Wetter über eine Woche, einen Monat oder ein Jahr lang. Dazu stellen wir eine Wettertafel her, die an jedem Vormittag und Nachmittag ausgefüllt wird. Wir achten auf die Sonne, die Wolken, den Himmel, schauen, ob es regnet oder schneit, ob es einen Regenbogen oder ein Gewitter gibt (siehe Seite 44).

Wir machen eine Wettertafel

Wir brauchen zwei Wettertafeln für eine Woche. Eine für vormittags und eine für nachmittags. Dazu nehmen wir braunes Packpapier im A1-Format und teilen es in einzelne Felder ein. Die Felder sollten ungefähr 12 x 12 cm groß sein. Wir beginnen mit sieben Kästchen für die Sonne, die nebeneinanderliegen. Darunter folgen Himmelsfelder, dann Felder für die Wolken, für den Schnee und Regenbogen- oder Gewitterfelder. Die Kinder können direkt in die Felder malen oder auf ein extra Papier, das wir dann ausschneiden und einkleben.
Material: braunes Packpapier, Bleistift, Lineal.

... Die Arbeit des Wetterdienstes hängt von vielen Einzelmessungen ab. Heute gibt es Tausende von Bodenstationen, die ihre Beobachtungen regelmäßig an eine Zentrale weiterleiten. Zusätzlich werden Wettersatelliten eingesetzt. So entstehen die täglichen Vorhersagen und Wetterkarten. Wetterkarten werden farbig markiert: Gelb steht zum Beispiel für Sonnenschein, Braun für trockenen Boden oder Rot für Gewitter.
Übrigens geht das Wort Meteorologie (die Lehre von den Vorgängen in der Lufthülle der Erde) auf den griechischen Philosophen Aristoteles zurück. Er ist sozusagen der Erfinder der „Wetterlehre".

Die Farben der Natur

Die Himmelsfarben

Wissenswert...
Erst im 18. Jahrhundert begann man das Wetter regelmäßig mit Thermometer und Barometer zu messen. 1820 fertigte der Physiker Heinrich Wilhelm Brandes die erste Wetterkarte an. 1951 wurde die Meteorologische Wetterorganisation gegründet, der alle Staaten angehören.

Die Sonne
Wir beobachten, ob die Sonne scheint oder verdeckt ist. Dazu gehen wir ins Freie. Scheint die Sonne, malen wir mit Gelb eine Sonne in unser Kästchen, scheint sie nicht, bleibt das Kästchen leer.

Der Himmel
Um die Farbe des Himmels genau zu sehen, kleben wir einen weißen Karton mit einem ausgeschnittenen Quadrat so an eine Fensterscheibe, daß durch das Loch nur ein Stück Himmel zu sehen ist. Nun können wir die vielen Blau- und Grautöne des Himmels sehen. Der Karton sollte mindestens A3 groß sein, der Ausschnitt 10 x 10 cm.
Nachdem wir die Farbe des Himmels gemeinsam beurteilt haben, malt ein Kind ein Kästchen in der entsprechenden Farbe aus. Der Himmel kann hellblau und strahlend blau sein. Dies zeigt uns schönes Wetter an. Wenn er hellgrau oder dunkelgrau ist, könnte dies auf Nebel, Morgengrauen, die Dämmerung, aber auch Smog oder ein Gewitter hinweisen. Ist er orangefarben oder rötlich, sehen wir einen Sonnenaufgang oder Sonnenuntergang.

Die Wolken
Es gibt weiße, graue und fast schwarze Wolken. Wir unterscheiden zwischen Schäfchenwolken (Haufenwolken) und Federnwolken. Wir schauen draußen zu den Wolken hoch und malen sie in der entsprechenden Farbe in das Kästchen.
Wir können auch Wolkenbilder machen. Zuvor müssen wir die Wolken eingehend beobachten. Wir legen uns in eine grüne Wiese und schauen die Wolkenbilder hoch über uns an. Die Wolken zaubern manchmal Tiere und Figuren an den Himmel. Sehen wir welche? Auf blauem Karton malen wir mit Fingerfarbe oder Kreiden die Wolkenbilder.
Übrigens unterscheidet man zehn Grundarten von Wolken. Die Vielfalt an Formen ist jedoch grenzenlos.

Der Schnee
Schneit es, malen wir Schneeflocken. Gibt es keinen Schnee, bleibt das Kästchen frei.

Gewitter und Regenbogen
Und auch wenn wir einen Regenbogen entdecken, malen wir ihn in ein Feld. Ebenso wenn es ein Gewitter mit Blitz und Donner gibt.

Bauernregeln

Nachdem wir das Wetter bereits gründlich beobachtet haben, denken wir über Bauernregeln nach. Stimmt das, was sie sagen?
- Es regnen nicht alle Wolken, die am Himmel stehen.
- Weiße Wolken befeuchten die Erde nicht.
- Dunkle Wolken künden Regen.
- Schwarze Wolken – schwere Wetter.
- Auf gut Wetter vertrau, beginnt der Tag nebelgrau.
- Reif und Tau machen den Himmel blau.

Spiel: Der Nebel

Bei Nebel sehen wir nicht weit. Wie ein Schleier legt er sich über die Welt. Wir erkennen keine Umrisse und keine Farben mehr. Wir sehen die Welt in Grau.

Bei unserem Spiel übernimmt ein Kind die Rolle des Nebels. Es trägt ein durchsichtiges weißes oder schwarzes Tuch oder einen Seidenstrumpf über dem Kopf und sieht so alle Farben getrübt. Der Nebel will sich ausbreiten und größer werden. Deshalb versucht er, die anderen Kinder, die alle umherlaufen, einzufangen. Fängt der Nebel ein Kind, hängt es sich hinten an und zieht ebenfalls ein Tuch oder einen Strumpf über. Je länger die Kette ist, desto schwieriger wird die Bewegung. Der Nebel ist dann größer, zugleich aber langsamer. Es können auch weitere Nebelketten gebildet werden. Sind alle Kinder gefangen, ist das Spiel aus.
Material: schwarze und weiße Tücher oder Strümpfe.

Spiel: Wir sind eine Regenwolke

Die Kinder stehen ganz eng beieinander und halten sich dabei fest. Sie sind eine Wolke. Langsam bewegt sich die Wolke. Sie ist voll mit Wasser geladen, wird schwer und immer schwerer. Plötzlich fallen Regentropfen zu Boden: Die Kinder lassen sich los, springen auseinander und legen sich auf den Boden. Jedes Kind ist ein Tropfen.

Farben selber machen

Kamillentee und Himbeersaft

Mit Pflanzen färben

Wissenswert...

Die Natur bietet uns viele Farbstoffe zum Malen oder Färben an. Früher verwendete man zum Malen vorwiegend Mineralien und benutzte zum Färben pflanzliche Produkte, beispielsweise Wurzeln, Blüten oder Blätter. Oder auch tierische Produkte wie Läuse, Schnecken oder den Urin von Kühen.

Gefärbt wurden Leder, Felle und Wolle. Um Wolle färben zu können, brauchte man ein Beizmittel, das die Gewebefasern zur Farbaufnahme vorbereitete. Als Beize dienten Alaun, Kalklaugen, Urin, Zinnsalze.

Die gebeizte Wolle wurde zum Färben in die Färbflotte gelegt. So nannte man den Absud von Pflanzen, der die gewünschte Farbe enthielt. Eine Färbflotte kann man sich ungefähr so wie einen riesigen Teeaufguß vorstellen. Seit industriell gefärbt wird, ist das Färberhandwerk überflüssig geworden. Stoffe, Leder und Felle werden heute mit künstlichen Farben eingefärbt.

Mit Blättern, Früchten, Blüten und Wurzeln zu färben ist ein spannender und kreativer Vorgang. Wir lernen Färbepflanzen kennen, staunen und sind überrascht über den Reichtum und die Harmonie der Farben in der Natur.

Wir sammeln Pflanzen

Kirschen, Holunder und Karottenbrei, sie alle machen Flecken, die sich schwer herauswaschen lassen. Für uns als Färber ist diese Eigenschaft ideal, denn Färbepflanzen sollten wasch- und lichtecht sein.

Wir sammeln Färbepflanzen aus unserer Region oder behelfen uns mit Säften und bereits getrockneten Pflanzen (Tees). Von frischen Pflanzen braucht man dreimal mehr als von getrockneten. Wenn wir auf fertige Produkte ausweichen, schauen wir uns zumindest die echte Pflanze oder ein Bild von ihr an. In Blumentöpfen können wir auch einige Pflanzen selbst anbauen.

Bei der Abbildung auf der nächsten Seite wurden folgende heimische Färbepflanzen verwendet: Kamille (Blüte), Birkenblätter, Schlüsselblumen (Blüte), Petersilie, Salbei, Spinat, Walnußschalen, braune Zwiebelschalen, Rote Beete, Holunderbeeren, Sauerkirschen, Schwarze Johannisbeeren. Außerdem Safran. Er ist in kleinen Dosen erhältlich und sehr ergiebig.

Weitere traditionelle Färbepflanzen sind: Ringelblumen (Blüte), Sonnenblumen (Blütenblätter), Heidelbeeren, Preiselbeeren, Tagetes, Erika, Brombeerblätter, Kastanienblätter, Fichtenzweige und -zapfen, Kornblumen, blaue Weintrauben, Pfirsichblätter.

Wir färben

Blätter werden fein zerkleinert und mit heißem Wasser überbrüht. Eine Weile stehenlassen, dann abseihen. Früchte werden gekocht oder entsaftet. Manche Farben verändern sich bereits jetzt. Die Flüssigkeiten werden in Einmachgläser gefüllt und diese beschriftet.

Wir färben unterschiedliches weißes Material, zum Beispiel Wattebällchen, Wattepads und runde Teefilter. Die Töne werden bei jedem Material anders sein: mehr oder weniger intensiv. Wir tauchen die Wattebällchen und Wattepads einzeln ein, drücken sie ein wenig aus und legen sie dann zum Trocknen auf Packpapier oder alte Tücher. Die Teefilter tauchen wir ebenso einzeln ein und legen sie zum Trocknen aus.

Es empfiehlt sich, auch hier den Namen der Pflanze zu vermerken. So wissen wir später, welche Farbe wie färbt.

Teefilter sind bereits nach ein paar Stunden trocken, Wattepads und Wattebällchen brauchen bis zu drei Tage. Ab und zu sollten die Teile umgedreht werden. Wir beobachten, daß sich manche Farben beim Trocknen verändern, wie bei der Sauerkirsche oder beim Hibiskus.

Wenn alles fertig ist, können wir uns an der Farbenpracht freuen. Wir sehen, daß es viele Gelb-, Braun-, Grün- und Rotreihen gibt, und daß die Farben der Pflanzen und die Färbeergebnisse nicht immer identisch sind.

Material: Färbepflanzen, Küchenmesser, Schneidebrett, Töpfe, Küchensieb, Einmachgläser, weiße Wattebällchen, weiße Wattepads (Kosmetik), weiße runde Teefilter, Packpapier oder alte Tücher.

Farben selber machen

Mit Pflanzen färben

Wissenswert...

Früher wurde vor allem mit Rot-, Blau-, Gelb- und Schwarztönen gefärbt. Rot war ein sehr begehrter Farbstoff. Intensiv leuchtende Rottöne, für die man getrocknete, weibliche Läuse und verschiedene Arten der Purpurschnecke brauchte, waren wegen ihrer aufwendigen Gewinnung rar und teuer. Günstiger und in großen Mengen erhältlich, dafür weniger leuchtend, war das Rot, das aus der Wurzel der Krapppflanze hergestellt wurde. Blau wurde aus einer Pflanze namens Waid gewonnen, die überall angebaut werden konnte und deshalb ein sehr billiger Färbestoff war. Für Gelbtöne verwendete man Pflanzen wie Schlüsselblumen, Birkenblätter oder Indischgelb, das aus Indien importiert wurde.

Wir machen ein Färberbuch

Wir sind Färber und machen uns ein Färberbuch, damit wir nachschauen können, welche Pflanzen wie färben. Dazu nehmen wir die gefärbten Wattepads oder Teefilter. Zunächst falten wir ein A4-Papier einmal in der Mitte. Auf eine Seite kleben oder malen die Kinder die Pflanze, mit der gefärbt wurde, auf die andere Seite kleben sie das entsprechend gefärbte Wattepad oder den Teefilter. Zum Beispiel kommen neben das getrocknete und gepreßte Birkenblatt gelbe Teefilter oder Wattepads.
Größere Kinder können das Birkenblatt auch zeichnen. Oder einen Abdruck machen. Dazu streicht man ein Blatt mit Farbe ein, legt es auf ein Papier und drückt es an. Der Abdruck wird gleichmäßiger, wenn man auf das Blatt noch ein Papier legt und mit einer Walze darüberrollt. Die Kinder machen am besten mehrere Drucke und kleben den schönsten in ihr Färberbuch.
Am Schluß legen wir die Seiten des Färberbuches aufeinander und nähen sie mit Nadel und Faden am Falz zusammen.
Material: gefärbtes Material, getrocknete Blätter und Blumen, weißes oder graues A4-Papier (Recyclingpapier), Pinsel, Wasserfarbe, Walze, Holzstifte und Kreiden, Nadel, Zwirn, Klebstoff.

Wir stempeln mit Saft

Wir können auch mit Saft drucken. Doch eignet sich nicht jeder dazu; bei vielen Säften sieht man die Farbe auf dem Papier nicht mehr. Wir nehmen Holunder-, Rote-Beete- oder Karottensaft oder den Saft schwarzer Johannisbeeren. Aus Papiertaschentüchern machen wir uns einen Saftstempel: Ein Tuch in ein kleines Glas drücken, das mit wenig Saft (0,2 Liter) gefüllt ist, und vollsaugen lassen. Rausziehen und auf Papier oder Servietten stempeln.
Material: Papiertaschentücher, kleine Gläser, Papier oder Servietten.

Farben selber machen

... *Es gab Färber, die färbten nur rot: die Rotfärber. Dann gab es welche, die waren auf blaue Töne spezialisiert: die Blaufärber. Schönfärber nannte man alle Färber, die Wolle und Leinen bunt einfärbten, im Gegensatz zu den Schwarzfärbern, die ein sattes Schwarz erzeugten.*

50

Mit Pflanzen färben

Wir basteln ein „Geisterscheuchi"

Ein Geisterscheuchi verjagt alle bösen Hexen und Gespenster.
Für den Körper zupfen wir ein Wattebällchen auseinander. Aus einem Wattepad entsteht ein Kopf, der mit Stichen fixiert wird. Kleine Watteaugen festnähen. Wattebällchen und Kopf zusammennähen.
Material: gefärbte Wattebällchen, Wattepad, Nadel und Zwirn.

Wir basteln eine kleine Raupe

Besonders schön kommen Naturfarben zur Geltung, wenn verschiedene nebeneinander sind. Wir basteln eine Raupe, für die wir abwechselnd gefärbte Wattebällchen und Wattepads mit Nadel und Faden auffädeln. Die Wattebällchen ziehen wir etwas auseinander. Den Kopf formen wir aus einem Wattepad und fixieren ihn mit Stichen. Für die Augen drehen wir kleine Kugeln und nähen sie fest.
Material: gefärbte Wattebällchen, Wattepads, Nadel und Zwirn.

Wir basteln Schmetterlinge

Aus gefärbten runden Teefiltern falten die Kinder Flügel. Jeder Filter wird einmal in der Mitte oder im Verhältnis eins zu drei gefaltet. Die Schmetterlinge können ein, aber auch vier Paar Flügel haben. Einen Filter rollen wir wie eine Zigarre, das ist der Körper. Mit ein paar Nadelstichen nähen wir die Flügel daran fest. Diese Schmetterlinge sind einzeln oder zu mehreren als Mobile schön.
Material: gefärbte Teefilter, Nadel und Zwirn.

Wir machen bunte Knete

Wir machen Knete, die beim Trocknen härtet, und färben die Knetmasse vorher mit Säften oder Gewürzen ein. Für Gelbtöne nehmen wir Safran, Curry und Karottensaft, für Rottöne Rote-Beete-Saft, für Violett Holundersaft, für Braun Kakao. Bei Grün und Blau behelfen wir uns mit Lebensmittelfarbe.
Wir geben Saft oder in Wasser gelöste Gewürze in eine Rührschüssel, dann Weißmehl, je einen Eßlöffel Öl und Salz und verkneten alles miteinander. Die Masse sollte weder flüssig noch bröselig sein. So lange Mehl oder Flüssigkeit zugeben, bis die Masse sich zum Kneten eignet.
Material: Safran, Curry, Kakao, Holundersaft, Rote-Beete-Saft, Karottensaft, grüne und blaue Lebensmittelfarbe, Weißmehl, Salz, Öl, Rührschüssel.

Wir drehen Perlen

Wir formen aus farbiger Knete Kügelchen für Arm- und Halsbänder. Wir durchbohren die Kugeln mit einem Stäbchen und legen sie einzeln zum Trocknen auf Zeitungspapier. Während die Perlen trocknen, sollte man sie öfter wenden.
Mit Bast, Wolle oder Lederbändern machen wir uns schönen Schmuck.
Material: farbige Knete, Holzstäbchen, Zeitungspapier, Schnüre zum Auffädeln.

Wir formen Stabfiguren

Aus farbiger Knete formen wir Köpfe oder Figuren, die wir auf kleine Stäbe stecken und zum Trocknen in ein hohes Glas stellen. Die Knete sollte nicht im Liegen trocknen. Die Stabfiguren können wir für ein Spiel verwenden.
Material: selbstgemachte farbige Knete, Holzstäbchen mit Spitze.

51

Farben selber machen

Ziegelrot und Kreideweiß
Farbe aus Erde und Steinen

Wissenswert...

Erdfarben sind die ältesten Malfarben, die wir kennen. Kreide, Kalk, Rötel, gelber und roter Ocker, Terra di Siena, Umbra, Veroneser Grün und Schieferschwarz sind alles Erdfarben, die schon früh zu Farbpulver gebrannt wurden. Gips, das nichts anderes als schwefelsaurer Kalk ist, eignet sich nicht nur zum Malen, sondern auch zum Modellieren und Bauen. Bereits in der Antike zerrieb man Halbedelsteine wie zum Beispiel Lapislazuli zu feinem Ultramarinblau. Dafür gab es Farbmühlen.
Erd- und Gesteinsfarben sind lichtecht und deckend und können auf allen Untergründen vermalt werden – im Gegensatz zu den Pflanzenfarben, die sich in erster Linie zum Färben eignen.

Die Erde hat viele Töne, von Gelb über Rot und Braun bis zu Schwarz. Die Farbe gibt uns Hinweise auf die Zusammensetzung und das Alter des Bodens. Mit Erde kann man auch malen. Erdfarben sind die ältesten Malfarben, die wir Menschen kennen. Sie wurden für Höhlenmalerei oder zur Körperbemalung verwendet. Gemalt wurde mit dem Finger, mit Holzstöckchen oder mit Graspinseln. Angerührt wurden die Farben mit Spucke, Wasser, Knochenmark und Fett. Aber auch aus Halbedelsteinen kann Farbpulver hergestellt werden. Dieses Farbpulver ist sehr lange farbecht und von besonders leuchtender Farbe.

Wir sammeln Erdtöne

An verschiedenen Orten sammeln wir Erde: Zu Hause im Garten, bei einem gemeinsamen Ausflug zu einer Baustelle oder in den Ferien am Urlaubsort. Wir füllen die Erde in Gläser und stellen diese in einer Reihe auf.
Wir sehen eine Vielfalt von Tönen, die uns überrascht.

Wir machen Erd- und Steinfarben

Wir bereiten aus Erde und Steinen, die wir in unserer Umgebung finden, Farben zu. Wir verwenden auch Material wie Sand, das eigentlich kein Malstoff ist.
Ziegel zerkleinern wir mit einem Hammer oder einem Fleischklopfer in einer Tüte. Erde und Sand sieben wir fein. Je feiner die Farbkörner sind, desto besser läßt sich später die Farbe streichen. Gips und gelben Ocker kaufen wir in Pulverform.
Um damit malen zu können, brauchen wir noch ein Bindemittel, das die Körner auf das Papier klebt. Sonst läßt sich alles wegpusten. Wir nehmen Tapetenkleister und rühren ihn so mit Wasser an, daß er nicht zu dünnflüssig ist. Die überschüssige Menge läßt sich einige Zeit in verschließbaren Gläsern aufbewahren. Wir füllen etwas von dem angerührten Tapetenkleister in ein Glas und geben die zerkleinerten Erd- oder Steinteilchen dazu. Das Ganze gut durchrühren. So mischen wir nun jede Farbe an, außer Gips und Ocker, für die wir nur Wasser nehmen.
Jetzt können wir mit einem Pinsel malen – zum Beispiel einen Schatzsucherplan auf Holztäfelchen.
Material: Ziegel, Gips, Sand, Erde, gelber Ocker (im Fachhandel als loses Farbpulver erhältlich), Tapetenkleister, Gläser, Hammer oder Fleischklopfer, Brett, Pinsel und Holzbrettchen (dünnes Pappelholz im Baumarkt).

Wir malen Klebebilder

Mit einem Klebestift zeichnen wir auf farbigen Karton. Dann streuen wir Farbpulver, Sand oder Erde darüber und schütteln das überschüssige Pulver ab. Und schon ist das Klebebild fertig.
Material: Klebestift, Farbpulver (Gips, Ocker), Erde, Sand, farbiger Karton.

Formen aus Gips und Sand

Wir können Sand, Gips und Farbpulver nicht nur zur flächigen, sondern auch zur räumlichen Gestaltung nehmen.
Im Sandkasten machen wir uns eine Mulde, die wir mit angerührtem Gips auffüllen. Den Gips lassen wir weiß oder rühren ein Farbpulver unter. Das Ganze muß in Ruhe trocknen. Dann graben wir die getrocknete Form vorsichtig aus. Feiner Sand bedeckt jetzt die Gipsform. Mit einem Pinsel bürsten wir den überflüssigen Sand weg. Phantastische Gebilde entstehen so.
Wir können Gips auch in Sandkastenförmchen gießen. Die Förmchen stäuben wir zunächst mit Sand ein und geben weißen oder gefärbten Gips dazu. Dann trocknen lassen und stürzen.
An einer geschützten Stelle im Freien arrangieren wir unsere Objekte zu einem kleinen „Steingarten".
Material: Sand, Gips, Wasser, Förmchen.

Farben selber machen

Eiweiß und Eigelb
Wasserfarbe und Ölfarbe

Wissenswert...

Malfarben bestehen aus Farbpulver (Farbpigmenten), einem Bindemittel und einem Lösungsmittel. Das Bindemittel hat die Aufgabe, den feinen Farbstaub so auf dem Maluntergrund zu fixieren, daß er daran haften bleibt und nicht abbröselt. Das Lösungsmittel braucht man, um eine Farbe flüssig zu machen und ihre „Dicke" zu beeinflussen. Möchte man lasierend, das heißt durchscheinend, malen, gibt man viel Lösungsmittel hinzu.

Das raffinierteste Bindemittel ist das Ei. Eier wurden bereits in der Antike so verwendet. Ein Ei besteht aus Eiweiß, Wasser und Fett. Damit lassen sich ölhaltige und wasserlösliche Farben herstellen. Heutzutage ersetzt man Eier durch synthetische Stoffe.

Es ist nicht schwer, aus Farbpulver (Pigmenten) Farben herzustellen. Auch Rembrandt, Michelangelo und Leonardo da Vinci haben Farben so zubereitet.
Wir brauchen Farbpulver, ein Bindemittel, das die Farbteilchen auf dem Papier oder der Leinwand „festklebt", und ein Lösungsmittel, wie zum Beispiel Wasser, mit dem wir unseren Farbbrei verdünnen können.

Wir machen Wasserfarbe mit Eiweiß

Aus Eiweiß und Farbpulver rühren wir eine Paste an, die sich mit Wasser verdünnen läßt. Solche Wasserfarben, die durchscheinend sind, nennt man auch Lasuren. Als Farbpulver nehmen wir Gewürze, Künstler- oder Malerpigmente, die es in allen Farben gibt. Wir brauchen Eier und eine kleine runde Schüssel. Wir trennen die Eier in Eiweiß und Eidotter. Den Dotter bewahren wir im Kühlschrank für eine andere Farbe auf.
Das Eiweiß verrühren wir in der Schüssel mit einer Gabel oder einem kleinem Schneebesen. Wir geben die gleiche Menge Wasser zu, rühren um und schütten dann Gewürzpulver oder Pigmente hinein. Gut durchrühren und, falls der Brei zu dick ist, noch Wasser zugeben. Die Farbe sollte leicht verstreichbar sein. Nimmt man zuviel Wasser, so bleiben die Farbkörner nicht am Papier haften, sondern bröseln ab (auf ein Eiweiß höchstens 1/4 Liter Wasser).
Material: Safran, Curry, Kakao, Piment, Paprika, Zimt, Künstlerpigmente (im Fachhandel als Pulver in Dosen erhältlich, sehr ergiebig) oder Malerpigmente (meistens in Beuteln erhältlich), Eiweiß, Schüsseln, Gabel oder Schneebesen.

Wir malen ein Riechbild

Mit unseren Gewürzfarben streichen wir Butterbrotpapiere ein, denn auf milchigem Papier schimmern die Farben besonders schön. Dann schneiden wir das getrocknete Papier in Längsstreifen. Wir legen ein paar Streifen parallel zueinander und kleben sie an einer Seite auf einen querliegenden Streifen. Nun fädeln wir wie beim Weben die restlichen Streifen quer ein und kleben sie fest – schon haben wir ein wunderschönes Fensterbild, das sogar noch duftet!
Material: angerührte Gewürzfarben, Butterbrotpapier, Klebstoff, Schere.

Wir rühren eine Farbe mit Eigelb an

Wir stellen Farbe aus Farbpulver, Wasser und einem Eigelb oder einem ganzen Ei her. Das heißt, die Farbe enthält Fett und Wasser. Man kann sie deshalb mit Öl und Wasser verdünnen, um mit ihr zu malen. Solche Farben nennt man Temperafarben.
Als Farbpulver nehmen wir Tafelkreide, die wir fein zerkleinern, oder wir kaufen loses Farbpulver (Künstler- oder Malerpigmente). Wir geben ein Eigelb oder ein ganzes Ei und einen Teelöffel Pigment in eine Schüssel. Das Ganze rühren wir mit einem Stöckchen glatt. Nach und nach geben wir Wasser zu, bis wir eine dünnflüssige, gut verstreichbare Farbe erhalten.
Die Pigmente verhalten sich unterschiedlich. Manche quellen auf und brauchen viel Wasser zum Anrühren, andere wenig. Dies erfährt man nur durch Ausprobieren.
Material: farbige Tafelkreide oder Farbpulver, Eier, Schüssel, Stöckchen.

Wir stempeln mit Eigelbfarbe

Eigelbfarbe eignet sich gut zum Drucken. Als Druckstöcke nehmen wir Kartoffeln, Blätter, Holzstückchen oder selbstgemachte Stempel. Dazu schneiden wir aus Moosgummi Motive und kleben sie auf eine Streichholzschachtel oder auf Depafit. Ein paar Motive zur Anregung: Blätter, Pilze, Blumen, Wolken, Fische … Mit einem Pinsel streichen wir zum Beispiel den Druckstock ein und drucken dann auf Servietten, Papier oder ein Tuch.
Material: selbstangerührte Farben, Druckstöcke, Moosgummi und Depafit (Bastelhandel), Papier oder Tuch.

Wir marmorieren mit Ölfarbe

Ölfarbe besteht aus Farbpulver und Öl. (Meistens ist noch ein Lösungsmittel beigefügt, damit das Öl schneller trocknet.) Wir machen Ölfarbe aus Farbpulver und Sonnenblumenöl oder besser Leinölfirnis (trocknet etwas schneller). Da wir auf Lösungsmittel verzichten, dauert das Trocknen länger.
Wir geben einen Eßlöffel Pulver in eine Schüssel und verrühren es mit der gleichen Menge Öl. So rühren wir zwei oder drei Farben an, mit denen wir dann marmorieren. Dazu füllen wir eine Kasserole oder ein großes Plastikbecken zur Hälfte mit Wasser und tropfen die Ölfarbe hinein. Mit einem Stäbchen können wir nun Muster ins Wasser ziehen. Das ist möglich, da sich Öl und Wasser nicht verbinden und das Öl immer oben auf dem Wasser schwimmt.
Wir legen dann ein Stück Papier oder Stoff darauf – und heben es wieder hoch. Das Papier, der Stoff hat die Ölfarbe angenommen und zeigt das Muster, das auf dem Wasser war. Zum Trocknen legen wir die Papiere und Stoffe auf alten Zeitungen aus. Bis alles ganz getrocknet ist, können ein paar Tage vergehen.
Material: Farbpulver, Sonnenblumenöl oder Leinölfirnis, Wasser, Plastikwanne, Löffel, weißes und farbiges Papier oder Stoff, alte Zeitungen.

… Verrührt man ein ganzes Ei mit Farbpigmenten und gibt Öl zu, erhält man eine Ölfarbe. Gibt man jetzt Wasser zu, wird es nicht abgestoßen, sondern aufgenommen. Man hat also eine Ölfarbe, die man mit Wasser verdünnen kann. Das nennt man Temperafarbe.
Eine Ölfarbe ohne Ei als Bindemittel kann nur mit Öl vermalt werden und stößt Wasser ab. Mit Ölfarben und Temperafarben kann man deckend und lasierend malen.
Lasurfarben sind leicht, duftig und transparent. Eine Eilasur besteht aus Farbpulver, Eiweiß und Wasser.
Eilasuren verwendete man im Mittelalter auch zum Anmischen von Metallfarben wie etwa Gold.
Zum Bemalen von Holzmöbeln nahm man früher gern eine Bierlasur. Die Pigmente wurden in Bier gelöst und mit dem Pinsel auf Truhen und Schränke aufgetragen.
Da Bierlasuren wasserlöslich sind, mußte anschließend noch eine Schutzschicht aus Wachs aufgetragen werden.

Der Farbkreis

Die Farben einer Familie

Jede Farbe hat Geschwister

Wissenswert...

Farbfamilien sind Farbtöne, die miteinander verwandt sind, zum Beispiel alle Rottöne, alle Gelbtöne, alle Grüntöne, alle Blautöne.
Wir zählen alle Farben außer Schwarz, Weiß und Grau zu den bunten Farben.
Als reinbunte Farben bezeichnet man Farben wie intensives Rot, Gelb, Grün oder Blau, die nicht durch Schwarz oder Weiß getrübt sind.

Farbtöne, die miteinander verwandt sind, bilden eine Farbfamilie. So gehören zum Beispiel alle Rottöne zur Farbfamilie Rot, alle Blautöne zur Farbfamilie Blau, Gelbtöne bilden die Farbfamilie Gelb und Grüntöne die Farbfamilie Grün.
Am besten lernt man die Farbfamilien kennen, indem man Farbtöne einer Familie sammelt und malt. Dies ist ein Prozeß, der die Sinne der Kinder stark anspricht und sich einprägt.

Wir sammeln Rot

Blut und die Glut des Feuers – beides war für die Menschen schon immer sehr wichtig. Blut, da es im Körper von Menschen und Tieren fließt, und das Feuer, da es wärmt und wilde Tiere vertreibt. Beides hat die Farbe Rot. Wir sammeln alles, was rot ist: Spielzeug, Gegenstände und Kleidung. Auch in der Natur finden wir verschiedene Rottöne bei Früchten, Blüten oder roten Herbstblättern. Unsere Schätze breiten wir auf einem Tisch aus. Sie unterscheiden sich in Material, Größe und Farbton. Wir sehen die Vielfalt der Farbe: Mal heller, mal dunkler, matter oder glänzender, satt und deckend oder transparent ist die Farbe. So lernen wir die Farbfamilie Rot kennen.

Wir malen Rottöne

Wir gestalten eine Wand aus Rottönen. Dazu streichen wir unterschiedliche Papiere großzügig und flächig mit Wasserfarbe, Temperafarbe oder Fingerfarbe und mit einem Pinsel ein, so daß kein Weiß mehr durchblitzt. Wir malen mit Karminrot, Zinnoberrot und Magentarot. Wir lassen der Farbe freien Lauf und zwingen sie nicht in eine Form. Zeichenmittel wie Kreide und Stifte sind dafür ungeeignet. Man kann die Farbe nicht fließen lassen und braucht sehr lange, um Papier farbig zu machen.
Später schneiden wir Rechtecke aus. Zusätzlich sammeln wir Papier, Plastiktüten, Folien und Stoffe in Rot, schneiden daraus ebenfalls Rechtecke und hängen sie zusammen mit den gemalten Papieren ohne Zwischenräume an eine Wand.
Material: Wasserfarbe (Karminrot, Zinnoberrot, Magentarot), rote Fingerfarbe, Temperafarbe (in allen Rottönen erhältlich), Strukturtapeten, Packpapier, graues Papier, Butterbrotpapier, breite Pinsel.

Der Farbkreis

Rote, gelbe, blaue Namen

Woher die roten Namen kommen

Zinnoberrot: Zinnober ist ein roter Farbstoff, der als Erdklümpchen und als Kristall in der Natur vorkommt.

Karminrot: Dieser rote Farbton wurde früher aus weiblichen Conchille- oder Kermesläusen hergestellt. Man hat die winzigen Läuse eingesammelt und getrocknet und später zu feinem Farbpulver zermahlen.

Purpurrot: Die Purpurfarbe wurde früher aus dem Schleim einer Meeresschnecke, der Purpurschnecke, gewonnen. Der weiße Schneckenschleim nimmt an der Luft eine rote Farbe an. Es gibt drei Arten von Purpurschnecken mit unterschiedlichen Rottönen. So konnte Purpurrot orangerot, rot oder blaurot sein.

Krapplack: Krapp ist ein natürlicher roter Farbstoff, der aus getrockneten Wurzeln der Färberröte gewonnen wird. Diese Pflanze hat gelbe Blüten. Sie wächst in Asien, Europa, Indien und Südamerika.

Magentarot: Es hat einen ähnlichen Farbton wie das natürliche Karminrot oder das blaustichige Purpurrot. Magentarot gibt es nicht als natürlichen Farbstoff. Es war eine der ersten Farben, die künstlich hergestellt wurden – und zwar aus Teer. Der Erfinder war Franzose. Er nannte die Farbe nach der italienischen Stadt Magenta, weil die Franzosen dort die Italiener besiegten hatten.

Wir sammeln Gelb

Wir sammeln, was gelb ist: Spielzeug, Gegenstände, Essen, Kleidung, Dinge aus der Natur. Wir lernen die gelbe Verwandtschaft kennen und betrachten sie.

Wir malen Gelb

Wir stellen fest: in unserem Farbkasten gibt es nur ein Gelb. Wir überlegen uns, ob wir Gelb aus anderen Farben mischen können, und probieren es aus. Dabei merken wir schnell, wie empfindlich Gelb ist: Es läßt sich ganz leicht von anderen Farben beeinflussen und wird dann zu Grüngelb oder Rotgelb. Um verschiedene Gelbtöne malen zu können, brauchen wir natürliche Gelbtöne.
Wir rühren Farben mit Pigmenten an oder kaufen fertige Temperafarben. Denn da gibt es einige verschiedene Gelbtöne (Zitronengelb, Ockergelb, Indischgelb). Wir gehen wie beim Rot vor: Wir malen und schneiden gelbe Rechtecke und hängen unsere Bilder an die Wand.

Woher die gelben Namen kommen

Indischgelb: Diese Farbe wurde früher aus dem Urin von indischen Kühen hergestellt. Die Kühe wurden nur mit Mangoblättern gefüttert und durften fast nichts trinken, damit der Urin schön gelb war. Die Flüssigkeit wurde eingesammelt und zum Färben verwendet.
Dieser Gelbton heißt heute noch Indischgelb, obwohl er längst nicht mehr von Kühen stammt.

Safrangelb: Safran ist ein indisches Gewürz. Er stammt von der Blütennarbe einer bestimmten Krokusart. Heute noch findet man echten Safran in der Gewürzabteilung. Schon früh hat man Safran zum Färben von Stoffen verwendet.

Ockergelb: Der Ocker ist eine Erde, die gelb oder rot gefärbt sein kann. Er kommt auf der ganzen Welt vor und ist ein billiger Farbstoff.

Wir sammeln Blau

Wir sammeln alles Blaue: Spielzeug, Gegenstände, Essen, Kleidung. Vielleicht finden wir auch in der Natur etwas Blaues. Unsere Farbfamilie Blau breiten wir vor uns aus und schauen sie genau an.

Wir malen Blau

In unserem Malkasten entdecken wir Cyanblau und Blau. Wir gehen wie bei Rot und Gelb vor und erstellen eine Bilderwand aus Blautönen.

Woher die blauen Namen kommen

Indigo: Indigo ist das spanische Wort für „indisch". Der Farbstoff heißt so, da er durch Tauschhandel aus Indien bezogen wurde. Es ist in Pflanzen, zum Beispiel im chinesischen Färberknöterich und in verschiedenen Arten des sogenannten Indigostrauches, enthalten. Man verwendete diesen Farbstoff früher zum Färben.

Kobaltblau: Das ist eine chemische eisenhaltige Farbe (CO), die in der Natur nur in Verbindung mit Erzen vorkommt. Der Name stammt vom mittelhochdeutschen Wort Kobold, was soviel hieß wie „wertlos".

Cyanblau: Das Wort kommt aus dem Griechischen und heißt „stahlblau". Deshalb wird die Farbe auch Stahlblau oder Eisblau genannt. Wie Magentarot ist es ein künstlicher Farbstoff.

Ultramarinblau: Ultramarin heißt wörtlich „jenseits des Meeres". Man bezeichnete damit früher eine Farbe, die übers Meer aus Asien kam – nämlich den blauen Halbedelstein Lapislazuli. Er wurde zu feinem Farbstaub zermahlen.

Preußischblau: Die preußischen Uniformen für Soldaten hatten früher ein ganz bestimmtes Blau – diesen Farbton nannte man dann Preußischblau.

Der Farbkreis

Farbeltern und ihre Kinder

Wissenswert...
Heute versteht man allgemein unter Primärfarben Farben, mit denen man andere Farben ermischen kann, die sich selbst aber nicht aus anderen Farben ermischen lassen. So kann man Orange aus Gelb und Hochrot mischen. Hochrot kann man aus Magentarot und Gelb mischen. Gelb und Magentarot und auch Cyanblau kann aus keinen Farben gemischt werden. Deshalb sind sie Primärfarben. Orange, Grün und Violett werden als Sekundärfarben bezeichnet. Es sind Farben zweiten Ranges, denn sie können aus anderen Farben gemischt werden.

Wir erfahren, daß man manche Farben auch **durch Mischen herstellen kann, wie Grün, Orange, Violett. Andere Farben wie Gelb, Magentarot und Cyanblau können nicht „ermischt"** werden.

Wir mischen Orange
Aus zwei Grundfarben entsteht eine neue Farbe. Um dies zu sehen, nehmen wir Magentarot und Gelb. Beide Farben sind durch keine anderen Farben ermischbar.
Wenn wir Magentarot mit Gelb mischen, erhalten wir Rot, geben wir noch mehr Gelb dazu, wird es Orange.
Wenn wir Zinnoberrot mit Gelb mischen, erhalten wir ebenfalls Orange.
Das Ganze funktioniert auch, wenn wir einen Stempel mit Magentarot oder einer beliebigen roten Farbe einfärben und auf gelbes Papier drucken: Als Ergebnis erhalten wir Orange.
Dazu brauchen wir Farben, die durchschimmernd wie Wasserfarben sind.
Material: Magentarot und andere Rottöne aus einem Schulmalkasten nach DIN 5023, Karotten- und Kartoffelstempel, gelbe Papiere.

Wir schütten Orange
Farbe zu schütten macht Spaß. Wir lassen die Farbe laufen, wohin sie will.
Wir rühren gelbe und rote Farbe jeweils in einem Becher an, breiten ein altes Leinentuch aus – und schütten Gelb und Magentarot darauf. Nun sehen wir, wie sich die Farben zu einer neuen vermischen. Wenn sie getrocknet sind, haben wir ein schönes „Aktionsbild".

Woher der Name Orange kommt
Orange wurde früher nicht als eigene Farbe empfunden. Es wurde entweder dem Gelb oder dem Rot zugeordnet. Deshalb sagen wir auch Gelbe Rübe, obwohl sie orange ist.
Die Farbe wird nicht aus Orangen gewonnen, sondern chemisch hergestellt. Doch sie trägt den Namen der Frucht. Die Franzosen, die diese Frucht als erste Europäer einführten, übernahmen den indischen Namen „narang". Später wurde daraus Orange.

Wir mischen Grün

Mischen wir Blau und Gelb erhalten wir Grün. Unser Malkasten enthält zwei Blautöne, Cyanblau und Ultramarinblau. Cyanblau ist wie Gelb und Magentarot eine Farbe, die sich nicht ermischen läßt.

Wir mischen beide Blautöne mit Gelb und malen damit, um die unterschiedlichen Grüntöne zu sehen.

Dann drucken wir mit beiden Blautönen auf gelbes Papier und erhalten auch Grün.

Wir schütten Grün

Wir rühren gelbe und blaue Farbe getrennt in einem Becher an. Wir breiten ein altes Leinentuch aus und schütten die Farben nacheinander darauf.

Woher die grünen Namen kommen

Waldgrün, Grasgrün, Moosgrün: Viele Grüntöne sind nach Pflanzen benannt. Hergestellt werden diese Farben künstlich.

Giftgrün: So bezeichnet man ein bestimmtes Gelbgrün (Schweinfurter Grün). Früher war dies ein äußerst giftiger Farbstoff, der aus Grünspan und Arsenik gewonnen wurde. Heute wird die Farbe chemisch hergestellt und ist harmlos. Der Name Giftgrün ist allerdings geblieben.

Wir mischen Violett

Violett wird aus Blau- und Rottönen gemischt. Wir mischen Cyanblau und Magentarot, Ultramarinblau und Zinnoberrot. Wenn wir nacheinander die Mischungen ausprobiert haben, vergleichen wir sie. Welches Violett strahlt stärker? Dann färben wir unsere Stempel mit Cyanblau ein und drucken auf rotes oder magentafarbenes Papier.

Wir schütten Violett

Wir rühren rote und blaue Farbe in einem Becher an, breiten ein altes Leinentuch aus und schütten die Farben nacheinander darauf.

Woher der Name Violett kommt

Der Name Violett kommt aus dem Französischen und heißt „Veilchen". Er bezeichnet die entsprechende Blütenfarbe. Auch Lila ist französisch. Es ist das Wort für Flieder.

61

Der Farbkreis

Die Farbfamilien treffen sich

Die bunten Farben im Kreis

Wissenswert...

Es gibt viele unterschiedliche Farbsysteme und Farbtheorien, die versuchen, Farben nach bestimmten Eigenschaften – zum Beispiel nach ihrem Wesen oder nach Naturgesetzen – zu ordnen. Physiker, Maler, Theologen, Astrologen und Philosophen haben Farbordnungen erstellt. Manche Farbsysteme ordnen die Farben als Würfel oder Pyramide an. Für den Schulunterricht hat sich die Kreisform bewährt. Darin sind die Primär-, Sekundär- und Komplementärfarben enthalten. Komplementärfarben oder Gegenfarben nennt man Farben, die sich im Farbkreis gegenüberliegen – Gelb und Blauviolett, Hochrot und Cyanblau, Magentarot und Grün.

Farben, die zusammengehören, bilden eine **Farbfamilie. Wir haben die großen Farbfamilien Gelb, Hochrot, Magentarot, Blauviolett, Cyanblau und Grün kennengelernt. Wenn sich alle Farbfamilien treffen, ordnen wir sie am einfachsten in einem Kreis an: Hier hat jede Farbe ihren Platz: von Gelb über Orange, Hochrot, Magentarot, Violett, Blauviolett, Cyanblau bis hin zu Grün und Gelbgrün.**

Wir bemalen Kieselsteine

Wir sammeln große und kleine Kieselsteine, säubern und trocknen sie. Die Steine bemalen wir. Dabei kommen alle Farbfamilien dran. Später wollen wir dann einen Farbkreis aus Steinen legen. Da unsere Steine nicht weiß, sondern grau oder braun sind, werden sich ganz von selbst zusätzlich Nuancen ergeben. Auch Restspuren von Farbe im Pinsel sind hier von Vorteil, denn so erhalten wir zusätzliche Abstufungen. Wir folgen einem fließendem Farbrhythmus. Wir beginnen mit Gelb. Jedes Kind bemalt einen Stein seiner Wahl. Wir legen die Steine zum Trocknen beiseite und malen mit Orange. Weiter geht's mit Rottönen. Zuerst bemalen wir die Steine mit Hochrot (Zinnoberrot), dann verwenden wir Magentarot. Diese Farbe ist wichtig, sonst wird der Farbkreis später nicht vollständig. Es folgen Violett und Blau. Das Cyanblau, das eine eigene Farbfamilie bildet, schließt sich an. Danach malen wir mit Grün. Wir gehen von blaustichigem Grün zu Gelbgrün.
Material: Acrylfarbe oder Plakafarbe, Gelb, Zinnoberrot, Magentarot, Ultramarinblau, Cyanblau (Orange, Grün, Violett aus dem Farbtopf oder selber mischen), Pinsel, Steine, Wasserbehälter.

Wir legen einen Farbkreis aus Steinen

Mit Kreide zeichnen wir einen großen Kreis auf den Boden und ordnen die Steine an, eine Farbfamilie nach der anderen: Gelb, Orange, Hochrot, Magentarot, Violett, Blauviolett, Cyanblau und dann Grün. Wir sehen, daß in diesem Farbkreis die großen Farbfamilien alle Platz haben. Der Farbkreis wird so für die Kinder erlebbar und begreifbar.

Spiel: Wir machen einen Kreis

Jeder sucht sich zwei Steine aus dem Farbkreis aus. Dann stellen sich alle rund um den Farbkreis auf.
„Kringel, rangel, Farbe,
 wir machen einen Kreis."
„Gelbe Steinchen, wo geht ihr hin?"
„Wir gehen zu unserer Familie hin."
Die Kinder legen die gelben Steine zur gelben Familie und so weiter. Liegen alle Steine am richtigen Platz, kann das Spiel in umgekehrter Weise fortgesetzt werden:
„Kringel, rangel, Farbe,
 wir haben einen Kreis gemacht
 und wollen wieder gehen."
„Gelbe Steinchen, wo geht ihr hin?"
„Wir gehen jetzt nach Hause."

Jedes Kind macht seinen Farbkreis

Kinder verhalten sich Farben gegenüber unbefangen und offen. Wenn wir dies fördern, lernen sie bei der Auswahl und Zusammenstellung von Farben ein sicheres Gespür entwickeln.

Jedes Kind sucht sich seine Lieblingssteine und macht seinen eigenen Farbkreis: Welche Farbe ist die schönste, wichtigste, interessanteste? Welche Farbe kommt dann? Welche Farben sind eine Familie? Welche sind Freunde?

Wissenswert...

Das deutsche Institut für Normung (DIN) hat ein verbindliches Farbsystem erarbeitet, einen Farbenatlas, der alle Farben enthält und genau festlegt. Danach richten sich alle Farbenhersteller, um zu gewährleisten, daß jede Farbe gleich bleibt. Für Farbgestalter, Maler und Drucker ist so etwas sehr wichtig. Auch die Farben im Schulmalkasten sind nach DIN genormt.

Wir bauen Farbhäuser

Wir bauen Farbhäuser aus Kartons, die wir innen und außen jeweils einfarbig bemalen. Wir machen gelbe, orange, rote, blaue und grüne Häuser. Mit einem Cutter oder einer Schere schneiden wir Öffnungen in den Karton und bekleben sie mit Seidenpapier in der gleichen Farbe. So erhalten wir einen Farbraum, in dem die Farbwirkung intensiv spürbar wird. In den verschiedenen Farbräumen können die Kinder den Unterschied der Farben fühlen.

Die Häuser stellen wir in einem Kreis auf, so haben wir ein Farbdorf und einen Farbkreis mit begehbaren Räumen. Zugleich erfahren die Kinder: das gelbe Haus steht neben einem orangefarbenen Haus, dann kommt ein rotes Haus, gegenüber ein grünes ...
Besonders wichtig bei dieser Aktion ist, daß die Kinder die Flächen selbst streichen und daß die Häuser zum freien Spiel zur Verfügung stehen.
Material: Kartons, Seidenpapier, Dispersionsfarbe, Pinsel.

Eine kleine Druckerei

Wenn in einer Druckerei ein Buch mit bunten Bildern gedruckt wird, nimmt man Magentarot, Cyanblau und Gelb. Indem man diese Farben übereinanderdruckt, kann man sehr viele Farben erzeugen, aber kein Schwarz. Deshalb setzt man Schwarz als zusätzliche Farbe ein. Mit Schwarz lassen sich auch Farben trüben. Aus diesen vier Farben kann man dann eine riesige Palette von Farbtönen ermischen.
Wir machen das ebenso und stempeln mit Magentarot, Cyanblau und Gelb auf weißes oder farbiges Papier. Wir nehmen dazu selbstgemachte Moosgummistempel oder verwenden Rüben und Kartoffeln. Wir stempeln einzelne Farben übereinander, zum Beispiel Magentarot auf Gelb, und ändern dann die Reihenfolge. Also Gelb auf Magentarot.

Mit einfachen Mitteln erhalten wir so unterschiedliche Farben.
Wir können auch jeder Farbe eine bestimmte Form zuordnen. Dabei orientieren wir uns an Wassily Kandinsky, einem berühmten Künstler und Farblehrer am Bauhaus. Er hat für jede Farbe eine bestimmte Form ausgesucht: zum Beispiel für Gelb ein Dreieck, für Rot einen Kreis und für Blau ein Quadrat. Damit wollte er das Wesen der Farbe ausdrücken. Gelb ist spitz, grell und laut, Rot ist Bewegung und Spannung, Blau ist ruhend und ausgeglichen.
Welche Form würden wir den einzelnen Farben geben?
Material: Acryl- oder Wasserfarbe, Druckstempel, Papier in verschiedenen Farben.

Der griechische Philosoph und Naturforscher Aristoteles war der erste uns bekannte Farbtheoretiker (geboren 384 vor Christus). Das heißt, er beschäftigte sich mit Farben und suchte Gesetzmäßigkeiten. Schließlich ordnete er sie nach dem Tagesverlauf: Weiß, Gelb, Rot, Violett, Grün, Blau und Schwarz. Seither haben immer wieder Wissenschaftler, Philosophen und Künstler Farbsysteme erstellt. Dabei gingen sie von unterschiedlichen Voraussetzungen aus: zum Beispiel vom Licht, von den Malfarben, von der Natur oder vom Glauben. Deshalb sind die Grundfarben in Farbsystemen oft nicht gleich.

Goethes Farbkreis

Auch der Dichter und Farbtheoretiker Johann Wolfgang von Goethe hat einen Farbkreis entwickelt. Dabei ging er von den Lichtfarben aus. Sein Kreis besteht aus sechs Farben: Purpurrot, Hochrot, Gelb, Grün, Stahlblau und Blauviolett.

Der Farbkreis von Itten

Johannes Itten war Lehrer am Bauhaus in Dessau und Weimar. Seine Farblehre geht von drei Grundfarben aus (ideelle Grundfarben): einem mittleren Rot, einem mittlerem Blau und einem mittleren Gelb. Aus diesen Grundfarben entsteht ein zwölfteiliger Farbkreis. Mit den drei Grundfarben können jedoch nicht alle Farben gemischt werden. Deswegen nimmt man im Vierfarbdruck Gelb, Magentarot und Cyanblau.

Der Farbkreis von Küppers

Der Farbkreis von Harald Küppers besteht ähnlich dem von Goethe aus sechs Grundfarben: Gelb, Grün, Cyanblau, Blauviolett, Magentarot und Rot. Küppers bezeichnet Rot als Orangerot und Blauviolett als Violettblau. Mit den Grundfarben Gelb, Magentarot und Cyanblau, die auch in Druckereien eingesetzt werden, können alle Farben gemischt werden. Ittens ideelles Rot wird hier aus Gelb und Magentarot gemischt und ist damit keine Grundfarbe mehr. Mit Hilfe von Küppers Farbkreis können die nach DIN genormten Farben des Schulmalkastens gut erklärt werden. Gelb, Magentarot und Cyanblau sind auch hier die Grundfarben.

Die Farben nach Steiner

Der berühmte Antroposoph Rudolf Steiner ordnete die Farben nicht nach ihren physikalischen Eigenschaften, er versuchte, das Wesen und die Seele der Farben zu erfassen. Er teilte die Farben in zwei Gruppen ein: in Bildfarben und in Glanzfarben. Grün, Pfirsichfarben (Rosa), Weiß und Schwarz sind die Bildfarben, die vier ruhenden Farben. Schwarz steht für die Erde, für Kohle, Stein und das Finstere. Grün ist die Planzenwelt und die Lebenskraft, das Lebendige. „Pfirsichblüt" ist das Seelische und die Hautfarbe des Menschen. Weiß ist das innere Licht, die Seele und der Geist.
Die Glanzfarben Gelb, Rot und Blau sind die bewegenden Farben. Gelb ist der Glanz des Geistes, Blau der Glanz der Seele, Rot ist der Glanz des Lebens.

Orange und Rot können aus Magentarot und Gelb gemischt werden.

Violett und Blau sind eine Mischung aus Cyanblau und Magentarot.

Weiß und Schwarz

Das Reich der Grautöne
Die unbunten Farben

Wissenswert...

Weiß und Schwarz, Licht und Finsternis, Tag und Nacht sind die stärksten Hell- und Dunkelpole, die es gibt. Mit Weiß und Schwarz kann jede Farbe getrübt werden: mit Weiß ins Helle, Leichte (Helltrübung), mit Schwarz ins Dunkle, Schwere (Dunkeltrübung). Dazwischen liegt das Reich der Grautöne. Schwarz und Weiß wie auch Grau bezeichnet man als unbunte Farben.

In der Sprache benutzen wir die unbunten Farben symbolisch und sprechen vom schwarzen Schaf und von der weißen Weste. Das heißt, wir verwenden Schwarz und Weiß, um Böse oder Gut und Rein zu kennzeichnen. Im Märchen steht Schwarz oft auch für etwas Magisches, Bedrohendes, Geheimnisvolles und Weiß für Wahrheit, Hoffnung und Befreiung.

Es gibt keine größeren Gegensätze als Weiß und Schwarz, Licht und Finsternis, Tag und Nacht. So kennen wir den kalten weißen Schnee und die warme schwarze Erde. Wir sagen: „Da steht es Schwarz auf Weiß" und meinen damit gedruckte schwarze Buchstaben auf weißem Papier. Die ersten Fotografien und Filme waren schwarzweiß. Der Schornsteinfeger ist schwarz, der Bäcker weiß gekleidet. In der Kirche ist Weiß die Farbe der Freude und Reinheit und Schwarz die Farbe der Trauer. Deswegen gibt es weiße Tauf-, Kommunion- und Brautkleider, und bei Beerdigungen trägt man häufig Schwarz.

Spiel: Der Wolf und die Lämmer

Auch im Märchen begegnen wir immer wieder Schwarz und Weiß: Da sind Schneewittchen, die Pechmarie und Frau Holle, Schneeweißchen, die sieben Geißlein und der Wolf. Hier hat die Farbe eine besondere Bedeutung: Weiß steht für unschuldig, rein, Schwarz steht für böse und gemein.
Bei unserem Spiel tragen die guten Schafe weiße Tücher und der böse Wolf trägt ein schwarzes Tuch. Der Wolf sitzt in einer markierten Fläche, das ist der Käfig. Der Wolf ist gefangen, die Lämmer springen umher und freuen sich. Bei dem Ruf „Der Wolf ist los!" stürmt der Wolf los und versucht, ein Lamm zu fangen. Die Lämmer können ganz schnell in ihren Stall springen, wo sie sicher sind. Der Stall ist ebenfalls markiert. Erwischt der Wolf kein Lamm, muß er wieder in seinen Käfig, und das Spiel beginnt von vorn.
Material: ein schwarzes Tuch und mehrere weiße Tücher.

Wir malen Schwarz und Weiß

Wir experimentieren mit weißer und mit schwarzer Farbe auf weißem und schwarzem Papier und lassen uns von den Kontrasten überraschen. Wir stellen fest, daß auch die Farbe des Papiers eine eigene Wirkung hat. Wir verwenden unterschiedliches Zeichenmaterial. Die Motive entlehnen wir unserer Beobachtung oder Phantasie: Wir malen den Mond in der Nacht, Schneeflocken und Schnee in der Nacht, einen Schneemann im Schnee, ein Einhorn oder ein Zebra in der Nacht, einen schwarzer Kater in der Nacht, einen Maulwurf in seinem Bau, schwarze Spuren im Schnee, Geister und Gespenster ...
Material: Holzkohlenkreide oder Fettkreide, weiße Zuckerkreide, weiße Fingerfarbe oder Deckweiß, Tusche, Tinte, Wachsmalkreide, Ölkreide, weißes und schwarzes Papier.

Wir schneiden eine Form – und sehen zwei

Wir können in einem Bild zwei Figuren sehen, auch wenn wir nur eine gemacht haben: durch eine Positiv- und Negativform. Ein quadratisches weißes Tonpapier soll unser Untergrund sein. Wir nehmen dann ein schwarzes Papier gleicher Größe und falten es einmal zusammen. Mit der Schere schneiden wir am gesamten Falz entlang eine Form aus. Nun schneiden wir die Form der Länge nach in zwei gleich große Hälften. Wir kleben die beiden Hälften so auf das weiße Papier, daß jeweils die gerade Kante mit der weißen Außenkante abschließt. Betrachten wir nun das Bild, können wir zwei Formen entdecken, je nachdem wie wir schauen: eine schwarze Positivform und eine weiße Negativform.
Material: schwarzes und weißes Tonpapier, Klebstoff, Schere.

Wir machen Einmaldrucke

Im 20. Jahrhundert hat man in der Kunst die Monotypie entdeckt. Dies ist eine Art Einmaldruck. Ursprünglich nahm man dafür Platten aus Metall. Aber wir können auch mit Hilfe einer Glas- oder Kunststoffplatte oder einer glatten Holzplatte Einmaldrucke herstellen. Wir probieren dies mit verschiedenen Papierqualitäten aus. Besonderen Reiz hat bereits bedrucktes Papier (Altpapier). Wir verwenden ölhaltige Druckfarbe (dann klebt das Papier nicht an der Platte fest) oder aber Acryl-, Tempera- oder Dispersionsfarbe.
Die Farbe wird auf der Platte ausgewalzt, darauf legen wir einen Bogen Papier und zeichnen mit einem Stift oder Stab oder mit dem Finger ein Motiv darauf. Auch jeder Fingerabdruck und jeder aufgelegte Handballen wird ein Bestandteil des Bildes.
Wir ziehen das Papier ab, und nun wird unser Bild sichtbar: Ein Bild, das durch die vielfältige Wirkung seiner schwarzen Farben überrascht. Ein Bild, das einmalig ist.
Material: glatte Platte, Farbwalze, schwarze oder weiße Farbe, weißes oder schwarzes Papier, alte Zeitungen, Packpapier, Butterbrotpapier, Stift.

Weiß und Schwarz

Grau malen und sehen

Wissenswert...
Ordnet man Weiß dem Licht zu und Schwarz der Finsternis, so ist Grau der Schatten. Wir sprechen von einer grauen Maus, vom grauen Alltag und vom Morgengrauen.
Grau ist eine Mischung aus den Farben Weiß und Schwarz. Aber es kann auch eine Mischung aus den Gegenfarben (Komplementärfarben) sein. Gelb und Blauviolett, Magentarot und Grün oder auch Orangerot und Cyanblau gemischt, ergeben ein Dunkelgrau.

Grau entsteht, wenn wir schwarze und weiße Farbe mischen. Grau kann aber auch nur in unseren Augen entstehen: So mischen unsere Augen kleine schwarze Pünktchen auf weißem Papier zu Grau, zum Beispiel, wenn wir ein schwarzweißes Foto in einer Zeitung betrachten. Schauen wir uns das Bild mit einer Lupe an, können wir die einzelnen Punkte erkennen.

Wir sammeln graue Papiere
Wir sammeln graues Papier aus Zeitungen, Zeitschriften und Verpackungen. So können wir leicht ein großes Sortiment zusammenstellen. Wir erhalten eine Vielfalt, die sich durch Farbmischungen nicht erzielen läßt. Wir ordnen die Töne von hell nach dunkel. Vielleicht entdecken wir, daß manche Töne rötlich, bläulich oder grünlich schimmern. Dann ist eine bunte Farbe beigemischt und es ist kein reines Grau.
Betrachten wir gedruckte Papiere mit der Lupe, so sehen wir manchmal kleine schwarze Punkte auf Weiß. Wir haben hier ein „geschummeltes Grau" entdeckt, das es nur in unseren Augen gibt. Denn unsere Augen können die winzigen schwarzen Punkte auf Weiß nicht unterscheiden: Sie sehen eine graue Fläche.

Wir kleben graue Tiere
Wir reißen kleine Stückchen aus unseren Graupapieren und kleben daraus einen Esel, eine Maus oder einen Elefanten auf grauen Karton.
Material: graue Papiere und Karton, Klebstoff.

Das Geheimnis bunter Kreisel
Wir haben festgestellt, daß schwarze Pünktchen auf Weiß in unseren Augen zu Grau werden. Doch es gibt auch bunte Farben, die sich in unseren Augen zu Grau mischen können. Um dies zu sehen, basteln wir uns einen einfachen Kreisel.
Wir nehmen einen runden Bierdeckel und bohren in die Mitte ein Loch. Den Karton bekleben wir je zur Hälfte mit gelbem und violettem Papier. Durch das Loch stecken wir einen gespitzten Holzstift, so daß sich der Kreisel auf der Spitze des Stiftes drehen kann. Was sehen wir, wenn der Kreisel sich dreht? Gelb und Blauviolett mischen sich zu Grau! Dies funktioniert nur bei Gegenfarben, also bei Farben, die sich im Farbkreis gegenüberliegen. Das heißt, es funktioniert auch bei Magentarot und Grün, bei Orangerot und Cyanblau.
Übrigens: Newton, der Physiker, und Goethe, der Dichter, stritten sich lange Zeit über die Farbe, die man sieht, wenn sich ein Kreisel mit Gegenfarben schnell dreht: Newton behauptete, Weiß, und Goethe behauptete, Grau.
Material: runder Bierdeckel, gelbes und violettes Papier, Klebstoff, Schere, Holzstift.

... Es gibt Hellgrau, Grau und Dunkelgrau. Diese Abstufungen nennt man Halbtöne. Solche Halbtöne sehen wir auf Schwarzweiß-Fotos in Zeitungen. Doch wenn wir die Fotos mit der Lupe betrachten, erkennen wir lauter kleine schwarze Rasterpunkte, die mehr oder weniger dicht beieinanderliegen.
In unserem Auge entsteht eine optische Mischung: Die Rasterpunkte verbinden sich hier zu verschiedenen Grautönen.

Bleistiftreibereien

Mit Bleistiften lassen sich durch Frottage, das heißt soviel wie „Reiberei", schöne Grautöne und Strukturen erzeugen. Wir brauchen weiche Bleistifte (4B bis 8B) und dünnes, weiches Papier. Dann suchen wir uns Gegenstände mit interessanten Oberflächen, auf die wir unser Papier legen können. Alles, was Vertiefungen oder Erhöhungen hat, eignet sich für eine Frottage: Küchensiebe, Holzflächen, Strukturtapeten, Geldstücke ... Den Bleistift flach halten und kräftig über das Papier reiben, bis die Struktur sichtbar wird. So entdecken wir brauchbare und unbrauchbare Oberflächen für unsere Frottage. Beim Reiben entstehen hellere und dunklere Grautöne, je nachdem, wie fest und oft wir reiben.

Übrigens: Bleistifte, so wie wir sie heute kennen, gibt es seit 200 Jahren. Der Franzose Nicolas Conte hat sie 1795 erfunden. Vorher verwendete man Graphit-, Kohle- oder Rötelstücke zum Zeichnen.

Wir legen eine Steinschnecke

In der Natur gibt es viele schöne graue Steine mit zahlreichen Nuancen. Doch meistens nehmen wir sie gar nicht richtig wahr. Wir sammeln jetzt einmal graue Kieselsteine und lassen braune oder andersfarbige weg.
Mit den grauen Steinen legen wir eine große Schnecke oder ein anderes Tier.
Wenn die Steine nebeneinanderliegen, sehen wir, wie viele graue Töne es in der Natur gibt.

Weiß und Schwarz

Rosa und Hellgelb
Weiß macht Farben heller

Wissenswert...

Mit Weiß kann man eine Farbe aufhellen. Man spricht dann von einer getrübten oder gedämpften Farbe. Denn es ist, als ob die Farbe ihren Glanz verloren hätte und man sie durch einen Schleier sähe. Weiß kann einer Farbe in großen Mengen zugefügt werden, ohne daß es diese auslöscht.

Mit Weiß können wir jede Farbe heller machen. Je mehr Weiß wir einer Farbe zugeben, desto heller wird sie. So wird Rot zu Rosa, Gelb zu Hellgelb, Blau zu Hellblau, Violett zu Lila und Grün zu Hellgrün.

Hellgelbe, hellblaue und hellgrüne Falter

Wir falten Papier, öffnen es wieder, malen eine runde Fläche in Blau neben den Falz und gegenüber eine Fläche in Weiß. Wir falten das Papier wieder zu und reiben kräftig darüber. Öffnen wir das Papier, sehen wir Falter in unterschiedlichen Abstufungen mit Weiß. Das gleiche wiederholen wir mit Grün und Weiß und dann mit Gelb und Weiß. Wir nehmen braunes oder graues Papier, denn da sehen wir die Mischungen mit Weiß gut.

Material: blaue, gelbe und grüne Wasserfarbe, Deckweiß, braunes oder graues Papier.

Die Geschichte von der rosa Maus

Es war eine kleine weiße Stadtmaus, die naschte für ihr Leben gern. Am liebsten Marmelade. Die schmeckte so gut nach Früchten und war so süß.
Als die Maus wieder einmal naschen wollte, machte sie sich einfach auf den Weg in die Speisekammer. Da standen viele Leckereien: Wurst und Käse, Eier und Brot. Aber nichts Süßes war zu finden.
Enttäuscht wollte die Maus schon nach Hause gehen, da entdeckte sie, verborgen in einem Winkel, leere Marmeladengläser und Flaschen. Frohen Herzens lief sie dorthin.
„Vielleicht ist noch ein kleiner Rest in einem Glas", dachte die Maus.
Und tatsächlich! In einem Glas war noch etwas Himbeermarmelade!
„Hab' ich ein Glück", sagte die Maus und hüpfte ins Glas.
Platsch – landete sie in der Marmelade. Ihr Fell verfärbte sich. Überall klebte rote Marmelade. Doch das störte die Maus nicht weiter. Sie ließ es sich schmecken und war hochzufrieden. Als die Maus im ganzen Glas nicht die kleinste Marmeladenspur mehr fand, machte sie sich auf den Weg nach Hause. Dabei merkte sie gar nicht, daß ihr Fell nicht mehr weiß, sondern rosa war.

Wir malen ein rosa Mäuschen

Rosa kommt nicht aus dem Marmeladentopf, Rosa entsteht, wenn wir Rot und Weiß mischen. Je nachdem, ob wir viel oder wenig Weiß verwenden, wird unser Rosa kräftig oder zart.
Wir probieren zwei Möglichkeiten aus: Wir mischen weiße und rote Fingerfarbe mit dem Pinsel, damit malen wir Mäuse. Und wir vermalen weiße und rote Fettkreide auf grauem oder braunem Papier. Schon werden die Mäuse rosa.
Material: Packpapier, graues Papier, weiße und rote Fingerfarbe, weiße und rote Ölkreide (Fettstifte lassen sich besser vermalen als Wachsmalkreiden).

Spiel: Trippel und Trappel laufen los

Bei diesem Spiel sehen wir, wie Farbe durch Weiß aufgehellt wird. Jedes Kind taucht zwei Finger der rechten Hand in die Farbe seiner Wahl. Das ist Trippel. Zwei Finger der linken Hand werden weiß gemacht. Das ist Trappel. Wir brauchen ein großes Papier, das wir auf den Tisch legen. Die Kinder stehen mit ihren farbigen Händen um den Tisch.
Trippel fängt an, übers Papier zu laufen. Eine schöne farbige Spur macht Trippel.
Dann ruft jemand: „Trippel, bleib stehen! Trappel kommt dich holen!"
Trappel läuft los, und zwar genau in der Spur von Trippel. Diese wird immer heller.
Das Spiel kann beliebig oft wiederholt werden. Dabei kann auch ein Kind den Trippel spielen und ein anderes den Trappel.
Material: weiße und bunte Fingerfarben, Packpapier.

Weiß und Schwarz

Oliv und Braun

Schwarz macht Farben dunkler

Wissenswert...

Wird eine bunte Farbe mit Schwarz gemischt, spricht man von einer Dunkeltrübung. Es genügt ein bißchen Schwarz, um eine bunte Farbe zu beeinflussen und sie dunkler zu machen. Manche verlieren dabei ihren Charakter.
Es gibt kein Dunkelgelb oder Dunkelorange. Aus Gelb und Schwarz wird der Farbton Oliv, aus Orange und Schwarz wird Braun. Leicht wird eine Farbe im Schwarz ausgelöscht. Mischt man eine bunte Farbe mit einer unbunten, erhalten wir eine sogenannte Tertiärfarbe: eine Farbe dritter Ordnung.

Wir haben gesehen, daß jede bunte Farbe heller wird, wenn wir sie mit Weiß mischen: Rot wird zu Rosa, Blau wird zu Hellblau, Gelb wird zu Hellgelb. Wir kennen jedoch immer die bunte Farbe heraus.
Wenn wir aber bunte Farben mit Schwarz mischen, verändern sich manche so sehr, das wir sie nicht mehr erkennen. So ist Oliv eine Farbe aus Gelb und Schwarz, Braun eine Mischung aus Orange und Schwarz.
Es gibt also kein Dunkelgelb, kein Dunkelorange, dafür aber gibt es ein Dunkelrot, ein Dunkelblau und ein Dunkelgrün.

Wir malen rote Mohnblumen und gelbe Stiefmütterchen

Wir befeuchten Papier mit einem Schwamm. Es ist interessant zu sehen, wie das Wasser aufgesaugt wird. Mit einem dicken Pinsel machen wir dann Farbkreise.
Nun nehmen wir mit einem feinen Pinsel Schwarz auf und tupfen damit in unsere Farbflecke. Wir sehen, wie Schwarz in die bunte Farbe läuft und Mischungen entstehen. Schon lachen uns Mohnblumen und Stiefmütterchen an.
Material: Wasserfarbe, saugfähiges Papier, Schwämmchen, dicke und feine Pinsel.

Wir lassen den Regenwurm kriechen

Wir bemalen Papier mit Wasserfarbe schwarz. Das soll Erde sein, in der Regenwürmer leben. Dann streichen wir ein Gummiband rot an. Wir legen es auf das schwarze, nasse Papier, so daß es sich wie ein Regenwurm kringelt. Nun kommt ein anderes Papier darauf, das wir fest andrücken. Wir nehmen Papier und Band wieder weg, und in der Erde bleibt die Spur eines Regenwurmes zurück.
Material: saugfähiges Papier, Kordel oder Gummiband, schwarze Wasserfarbe, rote Fingerfarbe, Pinsel.

Wir machen einen Tintenwirbel

Wir brauchen nur sehr wenig Schwarz, um eine Farbe zu verändern. Wir färben Wasser in einem großen Glas mit bunter Lebensmittelfarbe oder Wasserfarbe und geben nur einen Tropfen Tusche oder schwarze Wasserfarbe dazu: Ein Wirbel entsteht und färbt das Wasser langsam dunkel. Wir beobachten, wie die schwarze Farbe die bunte Farbe verändert und diese dunkler wird. Wir probieren den Tintenwirbel mit gelber, roter und blauer Farbe aus.
Material: Einmachgläser, Lebensmittelfarbe, Wasserfarbe, schwarze Tusche.

Farben sind Zeichen

Ampelmann und Wasserhahn

Farbsignale in unserer Umwelt

Wissenswert...

Farbsignale haben die Funktion, auf etwas hinzuweisen, vorzuwarnen oder etwas zu verbieten. Sie helfen, das Zusammenleben zu regeln und zu ordnen. Farbsignale werden vor allem eingesetzt, wenn Botschaften oder Anweisungen schnell übermittelt und schnell erfaßt werden sollen.

Im Straßenverkehr ist dies von besonderer Bedeutung. Die hohe Geschwindigkeit der Autos und die Vielzahl der Verkehrsteilnehmer machen eine Verkehrsordnung mit schnell erfaßbaren Anweisungen notwendig. In den Zeiten der Pferdekutschen waren deshalb Gebots- oder Verbotsschilder überflüssig. Damals markierte man mit Obelisken oder Meilensteinen nur die Entfernung oder den Standort.

Wenn eine Ampel Rot zeigt, wissen wir, daß wir anhalten müssen. Bei Grün kann's weitergehen. Fußgängerampeln und Ampeln für Autofahrer sind unterschiedlich. Fußgängerampeln zeigen oft ein Männchen, das geht oder steht. Bei der Autoampel gibt es außer Rot und Grün noch gelbes Licht, das signalisiert: Achtung, bald wird es Grün, bald wird es Rot. Dies ist wichtig, damit die Autofahrer rechtzeitig losfahren oder bremsen.

Ampelfarben wurden sehr überlegt ausgewählt. Für das Signal „Halt" suchte man eine Farbe, die kräftig leuchtet und in der Natur nicht oft vorkommt. So entschied man sich für Rot. Mit Grün wählte man eine Farbe, die sich gut vom Himmel abhebt.

Auch Wasserhähne sind mit Farben gekennzeichnet. Wenn wir einen Wasserhahn mit einer blauen Markierung aufdrehen, kommt kaltes Wasser und bei Rot warmes Wasser. Hier sind Farben Signale: Sie werden eingesetzt, um uns etwas mitzuteilen. Farbsignale zu lernen und zu verstehen ist sehr wichtig. Manchmal sogar lebenswichtig – zum Beispiel, wenn wir an eine Ampel kommen.

Wir geben dem Ampelmann Farbe

Wir kennen die Bedeutung der Ampelfarben: Rot heißt stehen, Grün heißt gehen. Die Kinder bekommen Malvorlagen mit kleinen Ampelmännern. Diese haben ihre Farbe verloren. Die Kinder konzentrieren sich auf die Männchen und malen ihnen das richtig Farbkleid.

Material: Malvorlage, grüne und rote Stifte.

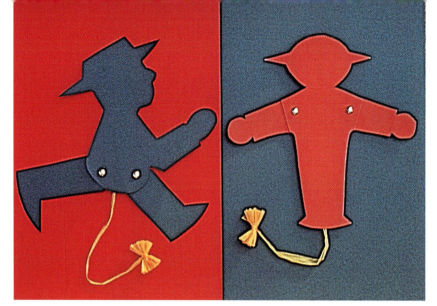

Wissenswert...

Die Farbe Rot wird heute im Straßenverkehr für Verbote, Anweisungen und Gefahrenhinweise benutzt. Dies hängt damit zusammen, daß in der Natur Rot meist nur punktuell und zeitlich begrenzt vorkommt. So hebt sich das Rot eines Verkehrsschildes oder der Ampel gut von der Umgebung ab.
Ampelfarben sind abstrakte Signale. Ihre Bedeutung müssen wir lernen wie das Alphabet.

Wir basteln einen Hampel-Ampelmann

Ein roter Hampel-Ampelmann kann seine Arme, ein grüner Hampel-Ampelmann seine Beine bewegen.
Wir fertigen Schablonen für Arme, Beine und Rumpf an. Damit können die Kinder die Formen auf roten oder grünen Karton übertragen und diese dann ausschneiden. Man kann auch weiße Pappe verwenden und später bemalen. In Arme und Beine bohren wir Löcher. Nun befestigen wir Arme und Beine mit Klammern am Rumpf. Mit einer Schnur verbinden wir die Klammern, so daß sich Beine oder Arme bewegen können.
Material: grüner und roter Karton oder weißer Karton und rote, grüne Farbe, Rundklammern, Stift, Schere, Schnur.

Wir basteln Ampelmänner

Aus schwarzem Karton schneiden wir einmal die Figur eines stehenden Ampelmännchens, einmal die Figur eines gehenden Ampelmännchen aus. Beim stehenden kleben wir rotes, beim gehenden grünes Transparentpapier dahinter. Die beiden Männchen kann man als Fensterbilder oder für das folgende Spiel verwenden.
Material: schwarzer Karton, rotes und grünes Transparentpapier, Cutter, Klebstoff.

Spiel: Der Ampelmuffel

Dieses Ampelspiel erfordert eine schnelle Reaktion. Die Spielleiterin, der Spielleiter übernimmt die Rolle einer Ampel und entscheidet, ob Grün oder Rot ist.
Mit Kreide wird ein Innen- und ein Außenkreis auf den Boden gezeichnet, das ist unsere Straße. Sie unterteilen wir in lange und kurze Felder. Verkehrsinseln markieren wir mit einem Kreuz. Nur dort darf man stehen. Alle Kinder bilden einen Kreis auf

dieser Straße und hopsen auf der Stelle. Die Ampel steht in der Mitte. Wird das grüne Männchen gezeigt, gehen oder laufen die Kinder auf der Straße weiter, wird Rot gezeigt, müssen die Kinder schnell eine Insel erreichen. Oder sie bleiben auf der Insel, auf der sie gerade sind, und hocken sich auf den Boden.
Das Kind, das bei Rot nicht auf einer Insel sitzt, bekommt mit einem Rußkorken einen schwarzen Punkt ins Gesicht gemalt. Wer die meisten Punkte hat, ist der Ampelmuffel.
Material: Korken und Kerze.

Die Geschichte vom Wasserhähnchen

„Huhu, huhu", heulte das kleine Wasserhähnchen. „Huhu, ich bin so unglücklich, so furchtbar unglücklich!" Und Tränen – nein, Tropfen fallen plopp, plopp. Zuerst ganz wenige, plopp, dann immer mehr, bis ein kleines Rinnsal entsteht, das langsam im Abfluß verschwindet.
Die anderen Wasserhähne drehen die Köpfe. Erstaunt blicken sie zu dem Wasserhähnchen.
„Was hast du?" fragt ein alter, rostiger Wasserhahn.
„Keiner mag mich", schnieft das Hähnchen. „Alle Kinder, die in der Pause kommen, waschen sich die Hände, aber zu mir kommt nie eins."
„Aber heute war doch ein Mädchen da und hat sich bei dir gewaschen", sagte der Wasserhahn von nebenan.
„Das Mädchen hat geschimpft und ist davongerannt. Ich bin so unglücklich!" wieder fängt das Wasserhähnchen an zu tropfen.
„Sei nicht mehr traurig, laß uns mal herausfinden, was an dir anders ist."
Die anderen mustern das Hähnchen.
Nach einer Weile quietscht einer der großen Wasserhähne ganz aufgeregt: „Ich hab's, ich hab's! Du trägst deine Farben falsch! Dein Rot ist blau, dein Blau ist rot!"
„Tatsächlich!" blubbert das Hähnchen verdutzt. „Ich hab' die Farben für warmes und kaltes Wasser vertauscht. Wie dumm von mir!" Schnell tauscht das Hähnchen Rot und Blau und freut sich auf die nächste Pause.

Wir fühlen warm und kalt

Bei Wasserhähnen sind Warm und Kalt mit Farben gekennzeichnet. Wir lernen dieses Signal und können es überall verstehen. Wir stellen drei Behälter mit sehr warmem, lauwarmem und sehr kaltem Wasser auf und bringen daran bunte Kärtchen an: Rot für warm, violett für lauwarm und blau für kalt. Wir lassen die Kinder zuerst raten und dann fühlen, welche Temperatur das Wasser hat. Danach stellen wir viele Behälter mit warmem, lauwarmem und kaltem Wasser auf. Die Kinder tauchen die Hände ins Wasser, fühlen und ordnen die Farbkarten zu. Oder die Behälter sind bereits mit Farbkarten versehen, die mal stimmen, mal nicht. Die Kinder finden die falschen Kärtchen heraus und ordnen sie nun richtig zu.
Material: Behälter mit Wasser, rote, blaue und violette Kärtchen.

Wir malen die Farben des Wasserhahns

Diese kleine Übung erfordert genaues Beobachten und Vergleichen. Wir malen mit roter und blauer Fingerfarbe zwei Kreise auf Packpapier, das sollen Drehhähne sein. Solange die Farbe noch naß ist, legen wir ein anderes Papier auf unser Bild und reiben fest darüber. Ziehen wir das Bild ab, sehen wir darauf auch Wasserhähne.
Welche Hähne tragen ihre Farben richtig? Wir nehmen unsere Bilder und vergleichen sie mit echten Wasserhähnen.
Material: braunes Packpapier, rote und blaue Fingerfarbe, Pinsel.

... Auch die Farben von Flaggen, Fahnen und Wappen sind Signale. Fahnen, Flaggen und Wappen signalisieren uns die Zugehörigkeit zu einem Land, einer Stadt, einem Verein oder einer Familie. Sie können aber auch eine Botschaft vermitteln.
Überall verstanden wird zum Beispiel die weiße Fahne, sie bedeutet: Frieden.
Die Heraldik, das Wappenwesen, entstand während der Kreuzzüge. Damals wurde es notwendig, Freund und Feind bereits aus der Ferne zu unterscheiden. Aus diesem Grund entwickelte man Regeln zur Gestaltung der Wappen: Rot, Blau, Schwarz, Grün und Gold sowie Silber durften verwendet werden. Dabei konnten die Metallfarben durch Gelb und Weiß ersetzt werden.

Farben als Zeichen

Babyblau und Königsrot
Bunt sind alle meine Kleider …

Wissenswert…
Die Farbe der Kleidung spielte früher eine gesellschaftlich wichtige Rolle. Bevor man die Farbenpracht aus dem Orient kannte und importierte, waren in Europa während des Mittelalters Grau, Braun, Schwarz und Blau als Kleiderfarben vorherrschend. Durch die Entdeckung Amerikas und den Schiffahrtsweg nach Indien entdeckte man eine Fülle an Farbstoffen zum Färben. Der Wunsch nach bunter Kleidung verdrängte die gedämpften Farben. Je bunter, desto besser. Um zu verhindern, daß einfache Bürger, Landleute und Bauern prächtiger gekleidet waren als der König und sein Gefolge, wurden bereits im 13. Jahrhundert in vielen Städten Kleiderordnungen erlassen, die festlegten, wer welche Farben tragen durfte oder mußte. Purpurrot oder Kardinalsrot stand nur hohen Geistlichen und Staatsoberhäuptern zu.

An den Kleiderfarben konnte man früher erkennen, ob einer reich oder arm war und welchem Stand er angehörte. Das läßt sich an den meisten Kasperlfiguren schön sehen. Der König trägt Rot und Gold, die Prinzessin Rosa oder Hellblau – beides war zu verschiedenen Zeiten die Mädchenfarbe. Der Wachtmeister trägt Blau. Dunkelblau war die preußische und Hellblau die bayerische Uniformfarbe, während heute die Polizisten Grün tragen. Die Großmutter hat Kleidung in Grau- und Brauntönen an, wie sie vor allem von armen Leuten getragen wurden. Der Kasperl mit seinen vielen Farben ist wie ein Narr gekleidet.

Heute verrät uns die Farbe der Kleidung manchmal den Beruf oder die Gruppe, zu der jemand gehört. Schon von weitem erkennen wir den Schornsteinfeger, den Arzt oder die Ärztin, den Polizisten, den Feuerwehrmann oder den Fußballverein. Und je nachdem, ob ein Baby Hellblau oder Rosa trägt, wissen wir: es ist ein Junge oder ein Mädchen.

Wir singen Handwerkslieder
Es gibt viele Volkslieder, in denen die Arbeit der Handwerker beschrieben wird, zum Beispiel: „Wer will fleißige Handwerker sehen …" In einigen Liedern sind die Farben beschrieben, die für manche Berufe typisch sind oder waren, besonders in „Grün, grün, grün sind alle meine Kleider …" Hier begegnen wir dem Jäger, dem Maler, dem Färber. Wie wir bereits wissen, war der Beruf des Färbers sehr wichtig. Da der Färber vor allem blaue Stoffe herstellte, heißt es: „Blau, blau, blau sind alle meine Kleider, weil mein Schatz ein Färber ist …" Mit solchen Liedern können wir die Kinder auf das Thema „Berufe und ihre Farben" einstimmen und vorbereiten. In dem folgenden Volkslied werden einige Handwerker und ihre Arbeit leicht spöttisch beschrieben. Wir singen mit den Kindern das Lied und machen typische Bewegungen dazu.

Wie machen's denn die Schneider?
So machen sie's:
Hier ein Läppchen, da ein Läppchen,
machen d'raus ein Kinderröckchen!
So machen sie's. Ja, so machen sie's.

Wie machen's denn die Schuster?
So machen sie's:
Sind das nicht die besten Sohlen,
soll mich gleich der Teufel holen!
So machen sie's. Ja, so machen sie's.

Wie machen's denn die Müller?
So machen sie's:
Die Mühle geht die Klipp, die Klapp,
das beste Mehl in unsern Sack.
So machen sie's. Ja, so machen sie's.

Wie machen's denn die Bäcker?
So machen sie's:
Sie backen die Semmeln gar zu klein
und backen Leib und Seel' hinein.
So machen sie's. Ja, so machen sie's.

Wie machen's denn die Schreiner?
So machen sie's:
Sie stehen an der Hobelbank
und hobeln grün Holz zu dem Schrank.
So machen sie's. Ja, so machen sie's.

Wie machen's denn die Schmiede?
So machen sie's:
Sie schlagen die Nägel neunmal krumm,
damit der Bauer gleich wieder komm'.
So machen sie's. Ja, so machen sie's.
Wie machen's denn die Schlotfeger?
So machen sie's:
Sie fahren den Schlot auf und ab
und bringen doch kein Ruß herab.
So machen sie's. Ja, so machen sie's.

Spiel: Berufe raten

Viele Berufe von früher sind mittlerweile verschwunden. Man braucht sie nicht mehr. Dafür sind andere neu entstanden, wie beispielsweise der Beruf des Müllmannes. Wir überlegen, welche Handwerker und andere Berufe es heute noch gibt.
Dann „sammeln" wir alle Berufe, für die eine bestimmte farbige Kleidung oder Uniform typisch ist.
Für unser Spiel brauchen wir noch Farbkärtchen, auf denen nur die Berufsfarbe zu sehen ist. Zu jeder Berufsfarbe benötigen wir ein passendes Tuch. Dann legen wir die Karten verdeckt aus.
Ein Kind zieht eine Karte und prägt sich die darauf gezeigte Farbe ein. Es denkt sich einen entsprechenden Beruf aus, bei Weiß zum Beispiel Bäcker oder Arzt. Dann sucht es das passende Tuch, legt es vor sich auf den Boden und macht für den Beruf typische Bewegungen. Die anderen Kinder raten.
Wer als erstes den Beruf errät, darf der nächste Darsteller sein. Als Berufe eignen sich zum Beispiel: Arzt, Bäcker, Feuerwehrmann, Jäger, Kaminkehrer, Maler, Müllmann, Pfarrer, Polizist …
Material: farbige Tücher, Kärtchen, farbiges Papier oder Malfarbe, Klebstoff.

Spiel: Wir sind alle Bäcker

Im Raum verstreut liegen farbige Tücher oder Decken, die einen Beruf bedeuten. Die Kinder gehen im Raum umher. Ein Kind oder ein Erwachsener ruft: „Wir sind alle Bäcker!" Die Kinder verschwinden daraufhin ganz schnell unter einem weißen Tuch. Sind alle Kinder Bäcker, dann wird gerufen: „Der Bäcker mag nicht mehr Bäcker sein, er geht seinen Weg allein." Alle laufen wieder umher, bis ein neuer Beruf ausgerufen wird.
So werden nacheinander Berufe genannt.

… In Köln zum Beispiel durften angesehene Bürger scharlachrote Mäntel mit grünem Unterfutter tragen. Niedere Stände der Stadt Genua durften ein gedämpftes rotes Gewand mit zitronengelbem Futteral tragen. An den Farben und Stoffen der Kleider erkannte man meistens den Stand. Der niederste Stand der Ackersmänner, Viehtreiber und Weinbauern trug graue und braune Kittel.
Im 15. Jahrhundert wandte sich die Mode der Vornehmen und Reichen wieder den gedeckten Farben zu. Die strenge spanische schwarze Hoftracht wurde nun auch bei uns zum Vorbild. Beamte, Ratsherren, Zunftmeister und Gebührenerheber trugen Grau und Schwarz, um sich vom gemeinen Volk, das sich jetzt sehr bunt kleidete, abzuheben. Diese Entwicklung hielt an bis zu Goethes Zeit. Ein Ausspruch von damals sagt deutlich: Blau und Rot ist Bauernmod'.

Gefühle sind bunt

Ich bin traurig, ich bin fröhlich

Mit Farben Gefühle zeigen

Wissenswert...

Farben werden oft unbewußt mit Erfahrungen oder Erinnerungen verknüpft. Wir mögen eine bestimmte Farbe gern, weil sie uns an eine angenehme Situation, an eine gute Stimmung erinnert oder auch umgekehrt. Manche Farben gefallen uns spontan, weil sie unserem momentanen Bedürfnis nach einer Farbe entsprechen.

Wir können mit Farben aber auch Gefühle und Stimmungen sichtbar machen und unser Inneres für alle sichtbar nach außen kehren. Jeder Mensch hat eine innere Farbpalette, mit der er sich zum Ausdruck bringen kann – zum Beispiel beim Malen. Dabei hat jede Farbe eine Vielzahl von Bedeutungen. Sie erhält ihren Sinn erst durch die Art in der sie verwendet wird. Rot kann warm und liebevoll oder verzehrend und bedrohlich wirken. Je nach Bildzusammenhang und eigener Intention.

Fast jeder Mensch hat Lieblingsfarben – Farben, die er besonders mag und mit denen er sich wohlfühlt. Doch wenn wir fröhlich sind, mögen wir andere Farben, als wenn wir traurig sind. Und wir malen ein Bild meist heller und bunter, wenn wir glücklich sind, als wenn wir unglücklich sind.

Mit Farben können wir Gefühle ausdrücken. Wir beschreiben auch in der Sprache Gefühle mit Farben: Wir sprechen vom Rot- oder Weißwerden, vom Schwarzmalen, Schwarzsehen, Schwarzärgern. Wir sagen, daß jemand gelb wird vor Neid, auf rosaroten Wolken schwebt oder einem anderen nicht grün ist …

Da Kinder sich bildnerisch meist recht gut ausdrücken können, geben wir ihnen Gelegenheit, ihre Gefühle durch Farben sichtbar zu machen.

Spiel: Wir stellen Gefühle dar

Gesichter spiegeln Gefühle wieder. Wir sehen an einem Gesicht, ob jemand traurig ist oder fröhlich. Wir wollen nun einmal Gefühle spielerisch darstellen und erraten.
Die Spielleiterin, der Spielleiter nennt ein Gefühl. Wie kann man dieses Gefühl am besten zeigen? Wir stellen es gemeinsam mimisch und gestisch dar. Auch die Stimme können wir mit einsetzen. Wir sind traurig, fröhlich, wütend, müde, lustig, schwach, stark, unruhig …
Oder: Wir bilden einen Kreis. Ein Kind stellt ein Gefühl dar, die anderen Kinder müssen es erraten.

Wir malen mit Musik

Wir hören ein Musikstück und bewegen uns im Rhythmus dazu. Eine meditative Musik mit einem Rhythmuswechsel von schnell zu langsam ist besonders gut geeignet. Wir empfinden die Musik zum Beispiel als lustig oder düster. Das Stück hören wir dann noch einmal und malen dazu. Wir malen nach der Musik oder vertiefen uns in ein eigenes Thema, das durch die Musik angeregt wird.
Material: Fingerfarben, Wasserfarben, Zuckerkreiden, Papier, Musik.

Wir kneten schöne und häßliche Tiere

Wenn wir etwas als schön oder häßlich, gut oder böse darstellen möchten, wählen wir dafür – oft unbewußt – unterschiedliche Farben. Unsere Lieblingsfarben empfinden wir als besonders schön und „gut". Um uns dies deutlich zu machen, formen wir ein sehr schönes Tier und ein besonders häßliches Tier aus farbiger Knete.
Alle schönen Tiere und alle häßlichen Tiere stellen wir zusammen. Können wir anhand der Farben die schönen von den häßlichen Tieren unterscheiden?
Material: farbige Knete.

Eine Kuschelecke zum Träumen

Eine kleine Höhle, in der man sich bequem hinlegen kann, ist ein idealer Ort zum Träumen und Entspannen. Die Kinder richten sich mit Decken und vielen Kissen in ihren Lieblingsfarben ein. Meist werden Rottöne bevorzugt, weil sie ein wenig an Mamas Bauch erinnern. Vielleicht können auch zwei Kuschelecken in unterschiedlichen Farben angeboten werden. Dann dürfen die Kinder frei nach Laune und Farbgelüsten wählen

Wir malen Monster

Oft tauchen in Kinderträumen Gespenster, Hexen und Monster auf. Wenn Kinder sie malen, können sich Spannungen lösen und Ängste verarbeitet werden.
Die Kinder erzählen von bösen Träumen und malen sie. Wer hat das gruseligste Monster?
Material: dunkle Papiere, weiße Zuckerkreide, Fingerfarben, Wasserfarben.

... Genauso wie wir Stimmungen über Farben äußern, werden wir von den Farben unserer Umgebung beeinflußt, beispielsweise durch die Farben der Natur oder durch ein Abendrot.
Farben werden auch bei Persönlichkeitstests eingesetzt. Kinderzeichnungen kann man auf ihrer Farbwahl hin interpretieren. Fachleute beurteilen dabei immer die Gesamtsituation des Kindes. Schwarz, braucht kein Ausdruck für Traurigkeit, Depression oder nicht bewältigte Konflikte zu sein, wenn beispielsweise Mutter oder Vater gerne Schwarz als Modefarbe trägt. Ob bei Kindern, die Schwarz als Farbe wählen, auf eine Streßsituation zu schließen ist oder nicht, das hängt auch mit vom Motiv ab. So ist beispielweise eine schwarz gemalte Katze kein Hinweis auf einen unbewältigten Konflikt. Keinesfalls sollte man voreilige Schlüsse ziehen, sondern die Kinder selber erzählen lassen, was sie mit ihren Bildern ausdrücken möchten.

Gefühle sind bunt

Wir machen Theater

Farben haben Charakter

Wissenswert...

Farben können Symbole für Gefühle, für die „Innenwelt" sein: Rot steht für die Liebe, Gelb für den Neid, Blau für die Treue, Grün für die Hoffnung. Ebenso verwenden wir die Farben symbolisch für die Natur, die „Außenwelt": Rot ist das Feuer, Grün ist die Pflanzenwelt, Gelb ist die Sonne, Blau ist der Himmel und der Regen.
Es gibt „natürliche" Symbole, die überall verstanden werden, zum Beispiel Kreisformen als Symbol der Sonne. Und es gibt Symbole, die von Kultur zu Kultur verschieden sind. Die meisten Religionen haben ihre eigene Symbolsprache und Farbsymbolik entwickelt. So trägt die Braut im Orient Rot, im Westen Weiß, zum Tod gehört bei uns Schwarz, in China aber Weiß.
Papst Pius V. hat 1570 die fünf liturgischen Farben festgelegt: Weiß ist die Freude und Reinheit, Schwarz ist die Trauer und der Tod, Grün die Heilige Dreifaltigkeit und das Leben, Rot ist der Heilige Geist und das Opfertum, und Violett steht für die Buße und das Fasten.

Wir sagen: Blau ist die Treue, Gelb der Neid, Grün die Hoffnung und Rot die Liebe. Hier sind Farben Symbole für Gefühle.
Mit Farben stellen wir auch gern die Naturelemente dar. Mit Rot das Feuer, mit Gelb die Sonne, mit Blau das Wasser und den Himmel. Und dies versteht jeder. Obwohl Feuer in Wirklichkeit nicht nur rot ist und Wasser nicht nur blau, sondern machmal auch grün, braun oder farblos. Obwohl die Sonne verschiedene Farben haben kann und wir in der Pflanzenwelt Farben in vielen Schattierungen finden.

Das Farbentheater

In unserem Farbentheater stellen wir die Naturelemente mit Farben dar. Dies wird auf der ganzen Welt verstanden. Sonne, Feuer, Wolke, Regen, Wald und ihre Farben kennt man überall.
Wir lassen die Elemente durch unser Spiel und durch Kostüme lebendig werden. Die Handlung ergibt sich aus den Eigenschaften und dem Wesen der Elemente: Wir überlegen uns Bewegungen, Mimik und Geräusche, die zur Sonne, zum Feuer, zu Wolken, zum Regen und zum Wald passen. Wir können unsere Darstellung mit Instrumenten und Sprechgesängen unterstreichen oder passende Musikstücke dazu aussuchen.

Geschichte: Der Wald und das Feuer

Die Bäume des Waldes sind groß und stark. Leise bewegen sich ihre Äste und Zweige im Wind. Die Sonne erscheint. Sie ist strahlend und freundlich. Langsam geht sie zum Wald, um ihn zu wärmen. Doch ihre Wärme wird zur Hitze, und ein Feuerchen entsteht. Langsam verschwindet die Sonne. Das kleine Feuer aber wird größer und größer. Es wird zum gräßlichen und gefährlichen Monster, das den Wald frißt. Das Feuer tobt. Der Wald fällt zusammen und verbrennt. Das Feuer lodert wild und ungezügelt. Wolken tauchen auf und bringen Regen. Schwer schieben sie sich voran. Über dem Feuer entleeren sich die Regentropfen. Der Regen prasselt herab. Kleiner und kleiner wird das Feuer, bis es erlischt.
Die Sonne erscheint wieder und vertreibt die Regenwolken. Schützend breitet sie ihre Strahlen aus und weckt neues Leben. Kleine Bäumchen sprießen und wachsen zu einem dichten, starken Wald.

Wissenswert...

Die Farbe Rot kann für Liebe stehen, für Feuer und in der Liturgie für den Heiligen Geist. Im Aberglauben diente Rot früher oft als Schutz gegen böse Geister und Dämonen. Babys und Kleinkinder erhielten rote Bändchen oder Korallenketten zum Schutz vor Krankheiten. Ebenso verwendete man rote Kerzen, um böse Geister fernzuhalten. In China ist Rot die Farbe des Glückes. Kleine Kinder tragen daher Rot.

Der Fliegenpilz ist bei uns ein Glückssymbol, zum einen wegen seiner roten Farbe, zum anderen wegen seiner drogenähnlichen Wirkung. Wenn man früher Fliegenpilze nach einer bestimmten Rezeptur zubereitet hat, wurde aus dem sonst sehr giftigen Pilz ein Rauschmittel, das beim Genuß das Gefühl des Fliegens vorgaukelte.

Wir machen ein Feuerkostüm

Feuer wärmt uns, bringt Licht in die Dunkelheit und vertreibt wilde Tiere. Es kann aber auch sehr gefährlich werden und Leben bedrohen. Feuer kann helfen und zerstören zugleich.

Wir machen uns ein Feuerkostüm in Rot und Orange mit kleinen gelben Tupfen. Dies erinnert an züngelnde Flammen. Wir basteln eine Feuerkrone, ein Kleid, Arm- und Beinschmuck.

Wir legen rotes und orangefarbenes Kreppapier aufeinander und falten es der Länge nach in der Mitte, so daß beide Papiere nur noch halb so lang sind. Das rote Papier ist außen und das orangefarbene innen. Die gefalteten Papiere sollten einem Kind von der Schulter bis zum Knöchel reichen.

Mit dem Tacker fixieren wir die Papiere aneinander, damit sie nicht verrutschen.

Wir bringen einen Schnitt für den Hals an, ohne daß Papier wegfällt. Dann schneiden wir von unten wilde Flammen in das rote Papier: Wir beginnen mit großen Flammen, die nach oben hin immer kleiner werden. Die einzelnen Flammen bearbeiten wir mit dem Daumen nach. Kreppapier läßt sich wunderbar dehnen und formen. Beim orangefarbenen Unterkleid schneiden wir nur in den Saum Flammen. Das ganze Kostüm wird so geschnitten, daß es keinen Papierabfall gibt. Nun ziehen wir gelbe Servietten auseinander und heften sie, unregelmäßig als kleine Fünkchen verteilt, auf das rote Kreppapier. Das Kostüm an den Seiten tackern, die Armlöcher bleiben frei.

Aus rotem Karton schneiden wir eine Krone. An die Spitzen heften wir lange rote und orangefarbene Papierstreifen.

Besonders schön wird das Kostüm mit Bein-, Arm- und Halsschmuck. Dazu nehmen wir gelbe, rote, orangefarbene Papierflammen, schneiden sie doppelt so lang, wie wir sie brauchen, knicken sie einmal, legen sie über ein Stück Bast und tackern sie fest.

Material: je eine Rolle rotes und orangefarbenes Kreppapier, gelbe Servietten, roter Karton, Bast, Tacker, Schere.

Wir machen ein Sonnenkostüm

Die Sonne wärmt und bringt uns Licht. Heiter und hell ist sie. Doch die Hitze der Sonne kann auch unerträglich werden, dann flüchten wir vor ihr.

Wir basteln uns ein Sonnenkostüm in Weiß, Zitronengelb und Gelb, mit vielen Sonnenstrahlen. Diesmal besteht das Kostüm aus mehreren Lagen, die unterschiedlich lang sind. Die oberste Lage ist Gelb, darunter liegt Zitronengelb, dann folgt Weiß, zuletzt wieder Gelb. Wir gehen wie beim Feuerkostüm vor. Doch wir schneiden lange parallele Streifen, die unsere Strahlen werden. Mit dem Daumen streifen wir am Papier entlang, so können wir es zusätzlich formen.

Streifen aus gelbem Karton tackern wir zu einer Krone zusammen.

Wichtig beim Sonnenkostüm ist der Armschmuck, der am Oberarm zusammengebunden wird: Wenn die Sonne die Arme ausbreitet, sieht man die Strahlen sehr schön.

Material: je eine Rolle weißes, zitronengelbes und gelbes Kreppapier, gelber Karton, Bast, Tacker, Schere.

Wir machen ein Wolkenkostüm

Die Wolke ist ein Symbol für Regen, Wasser und Wind. Das Wasser bringt Leben. Es kühlt, erfrischt und stillt den Durst. Jede Pflanze und jedes Tier braucht Wasser zum Leben. Bei zuviel Wasser gibt es Überschwemmungen, die einerseits den fruchtbaren Schlamm der Flüsse auf die Felder bringen oder aber vieles zerstören. Ohne Regen vertrocknen die Pflanzen, und alles wird dürr.

Wir basteln uns ein Wolkenkostüm in Hellblau, Violettblau und Rosa. Das Motiv soll weich und rund wirken. Das Kostüm wird aus einem Kleid, einem Hut und Armstulpen bestehen.

Wir fertigen ein violettblaues Unterkleid und ein hellblaues Oberkleid an und heften rosa Serviettenstückchen auf das hellblaue Papier. Wir arbeiten wie bei den anderen Kostümen, nur schneiden wir diesmal runde Formen und wölben das Papier vorsichtig mit den Fingern. Aus blauem Karton biegen wir einen Hut, umwickeln ihn mit Kreppapier und tackern alles fest. Für die Armstulpen nehmen wir einen Streifen violettblaues Papier, drehen daraus eine Blüte, formen mit den Fingern einen Kelch und befestigen ihn an einem Stück Bast.

Material: je eine Rolle hellblaues und violettblaues Kreppapier, blauer Karton, rosa Servietten, Bast, Tacker, Schere.

Wir machen ein Baumkostüm

Der Baum ist eines der wichtigsten Symbole der Menschen. Seine Wurzeln greifen tief in die Erde, während seine Krone hoch in den Himmel ragt. Er stellt so die Verbindung zwischen Erde und Himmel dar. Ein Baum spendet uns Schatten, gibt uns Nahrung und bietet uns Schutz. Viele Bäume bilden einen Wald, der auch bedrohlich und dunkel sein kann.

Wir basteln uns ein Baumkostüm. Mit Braun und Grün können wir Äste und Blätter darstellen. Das Kostüm besteht aus einem Blätterkranz, einem Kleid, aus Arm- und Beinschmuck.

Wir nehmen helles und dunkles Grün, wobei das dunklere zum Unterkleid wird. Wir arbeiten wie beim Feuerkleid, nur schneiden wir diesmal viele Blätterformen. Wir rollen braune Servietten und heften sie als Stöckchen an das hellgrüne Papier.

Für den Kopfschmuck heften wir Papierblätter an ein Stück Bast und formen so einen Kranz. Auch für Beine und Arme fertigen wir Blätterkränze an.

Material: je eine Rolle gelbgrünes und dunkelgrünes Kreppapier, braune Servietten, Tacker, Bast, Schere.

Schlußwort

Mit Farben leben

Hat dieses Buch den Kindern und Ihnen Lust auf noch mehr Farbe gemacht? Dann setzen Sie die Farbreise doch auf eigene Faust fort. Die Gelegenheit bietet sich jeden Tag. Denn wir leben in einer bunten Welt.

Könnten wir uns eine Welt ohne Farben – eine Welt wie auf dem Mond – überhaupt vorstellen? Farben sind für uns wichtig. Wir bewerten sie, eine Farbe gefällt uns oder gefällt uns nicht. Farben beeinflussen uns, auch wenn wir nicht darauf achten. Sie lösen Empfindungen und Stimmungen aus. Ganz deutlich spüren wir dies bei einem schönen Morgen- und Abendrot, bei strahlendem Sonnenschein, der alle Farben zum Leuchten bringt, bei einer Blumenwiese, bei einem Spaziergang durch den Wald, bei Marktständen mit Obst und Gemüse oder im Theater, wenn auf der Bühne farbiges Licht eingesetzt wird.

Auch in den Räumen, in denen wir wohnen und uns aufhalten, ist Farbe mehr als Schmuck. Farbe kann einen Raum kleiner und enger oder größer und geräumiger, höher oder niedriger, wärmer oder kälter wirken lassen. Farben können laut und schrill oder leise und gedämpft sein. Sie können Dinge – zumindest scheinbar – leichter oder schwerer machen. Dabei hängt die Wirkung auch von der Häufigkeit der jeweiligen Farbe, von der Größe ihrer Fläche und von ihrer Form ab. Aber auch von den Farben der Umgebung. Denn jede Farbe befindet sich im Wechselspiel mit anderen Farben. Und keine Farbe ist gleichbleibend. Farben ändern sich ständig, mal leuchten sie, mal sind sie dunkel. Je nachdem, welches Licht auf sie fällt. Farben einzusetzen, Farben zu kombinieren, will geübt sein. Die Farbharmonie der Natur kann ein Schlüssel dafür sein. Wenn wir genau hinsehen, entdecken wir, daß es unzählige Kombinationen und Nuancen gibt. Kinder, die früh lernen, Farben bewußt wahrzunehmen, werden sensibler auf Farben reagieren, ihre eigene Farbsprache differenzierter entwickeln können und spüren, welche Farben ihnen gut tun und mit welchen Farben sie ihre Umgebung gestalten möchten. Und wenn Kinder sich eine Kuschelecke mit Kissen und Decken in ihren Lieblingsfarben einrichten dürfen, erfahren sie schon früh, wie wichtig Raumfarben für das Wohlbefinden sind. Solch eine Kuschelecke wird ein schöner Platz zum Träumen.

Die eigene Farbwelt zu finden ist ein spannendes Vorhaben. Dieses Buch hat Sie und die Kinder auf einem Teil des Weges begleitet. Und wir haben erfahren, daß wir jeden Schritt auf diesem Weg genießen und uns überall an Farben erfreuen können.

Schenken wir den Farben mehr Beachtung. Und helfen wir den Kindern, Farben und ihren Wert schon früh für sich zu entdecken.

Die Autorin

Petra Beutl studierte an der Akademie der Bildenden Künste in Nürnberg. Nach Studienaufenthalten in der Schweiz und USA arbeitet sie als freie Designerin. Konzepte zur Farbgestaltung im Innen- und Außenbereich und Buchprojekte sind ihr Schwerpunkt. Für ihre Arbeiten wurde sie mehrfach ausgezeichnet. Petra Beutl betreut außerdem regelmäßig Projektarbeiten im Kindergarten. Sie lebt und arbeitet in Regensburg.

Den Kindern Lisa, Andreas und Sophie und auch meinem Mann herzlichen Dank für die Unterstützung bei der Entstehung dieses Buches. Besonderer Dank gilt meiner Lektorin Birgit Oesterle.

© 1998 Christophorus-Verlag
Freiburg im Breisgau
Alle Rechte vorbehalten
Printed in Belgium

ISBN 3-419-52890-6

Jede gewerbliche Nutzung der Arbeiten und Entwürfe ist nur mit Genehmigung der Urherber und des Verlages gestattet. Bei Anwendung im Unterricht und in Kursen ist auf dieses Buch hinzuweisen.

Fotos: Petra Beutl, Sigrid Köstler, Regensburg
Layout und Gestaltung:
Petra Beutl & Martin Veicht
Typografie: Martin Veicht
Umschlaggestaltung: Network!, München
Produktion: Print Production, Umkirch
Druck: Proost, Turnhout 1998

Quellenangaben:
Joachim Ringelnatz, Die Seifenblase: Gedichte 1. Henssel Verlag, Berlin 1984
Die Regenbogenschlange: Indianermärchen. V. Hulpach. Verlag Werner Dausien, Hanau 1977
Christian Morgenstern, Der Schnupfen: Gesammelte Werke. Piper Verlag, München 1997

Hier zeigen wir Ihnen eine Auswahl unserer beliebten und erfolgreichen Bücher - und wir haben noch viele andere im Programm. Wir informieren Sie gerne, fordern Sie einfach unsere Themenprospekte an:

■ **Bücher für Ihre Kinder:**
Basteln, Spielen und Lernen mit Kindern

■ **Bücher für Ihre Hobbys:**
Stoff- und Seidenmalerei, Malen und Zeichnen, Keramik, Floristik

■ **Bücher zum textilen Handarbeiten:**
Sticken, Häkeln und Patchwork

Wir sind für Sie da, wenn Sie Fragen haben. Und wir interessieren uns für Ihre eigenen Ideen und Anregungen. Faxen Sie, schreiben Sie oder rufen Sie uns an. Wir hören gerne von Ihnen!

Ihr Christophorus-Verlag